高等职业院校"十三五"规划

职场
形象设计与礼仪

李凌婧 冯芳 张艳辉 ◎ 主编

刘福珍 何雅昕 谌华 陈素琴 ◎ 副主编

人民邮电出版社

北 京

图书在版编目（CIP）数据

职场形象设计与礼仪 / 李凌婧，冯芳，张艳辉主编
. —— 2版. —— 北京：人民邮电出版社，2018.9（2023.2重印）
高等职业院校"十三五"规划教材
ISBN 978-7-115-48897-8

Ⅰ．①职… Ⅱ．①李… ②冯… ③张… Ⅲ．①个人－
形象－设计－高等职业教育－教材②礼仪－高等职业教育
－教材 Ⅳ．①B834.3②K891.26

中国版本图书馆CIP数据核字(2018)第158956号

内 容 提 要

本书针对职场形象设计的特点，介绍了化妆、发型设计、色彩搭配、服饰搭配、着装
原则等内容，并介绍了职场礼仪的相关知识。本书写作力求概念明确、简明扼要，结构合
理、脉络清晰，图文并茂、生动具体，使读者能对职场形象设计与礼仪有一个全面系统的
了解和认知。

本书可作为本科院校、职业院校人文艺术及相关专业的教材，还可作为其他专业学生
的选修读本。

◆ 主　　编　李凌婧　冯　芳　张艳辉
　　副 主 编　刘福珍　何雅昕　谌　华　陈素琴
　　责任编辑　古显义
　　责任印制　马振武

◆ 人民邮电出版社出版发行　　北京市丰台区成寿寺路 11 号
　　邮编　100164　　电子邮件　315@ptpress.com.cn
　　网址　http://www.ptpress.com.cn
　　北京捷迅佳彩印刷有限公司印刷

◆ 开本：700×1000　1/16
　　印张：11.25　　　　　　　　　2018 年 9 月第 2 版
　　字数：270 千字　　　　　　　2023 年 2 月北京第 8 次印刷

定价：49.80 元
读者服务热线：**(010)81055256**　印装质量热线：**(010)81055316**
反盗版热线：**(010)81055315**
广告经营许可证：京东市监广登字 20170147 号

前言 PREFACE

职场形象设计与礼仪对于每个人来说都是极其重要的。一个人衣着整洁、典雅，具有良好的个人形象，也是在向他人暗示，"请相信我，我是有修养、有能力的"，从而为自己赢得更多的好感和机遇。从这点来说，个人形象与相关礼仪的展示关系到面试成败、职位晋升等事业与生活的方方面面。

外在形象设计十分重要。有研究表明，一个人留给他人的第一印象受几个方面因素的影响。其中，说话的内容占7%，说话的方式（语速、语调、音量等）占38%，非语言信息（面部表情、身姿、行为、服饰等）占55%。可见，人的外在形象在他人印象中占有举足轻重的分量，没有一个得体、优雅、文明的外在形象，很难树立起良好的个人形象。

此外，内在形象也不可小觑。内在的形象是指人的内在素养，主要包括道德情操、理想追求、心理状态、文化知识、审美情趣、人际关系等，在职场上主要是由相关礼仪来展现的。在工作中，礼仪能够调节人际关系，从一定意义上说，礼仪是人际关系和谐发展的调节器。人们在交往时按礼仪规范去做，有助于与他人建立友好、合作的关系，缓和、避免不必要的矛盾和冲突。一般来说，人们受到尊重、礼遇、赞同和帮助就会产生正面心理，有利于友谊关系的形成，反之会产生敌对、抵触、反感，甚至憎恶的心理。在职场中，职场礼仪的重要性从某种意义上讲，与智慧和学识一样重要。

本书涵盖了职场形象设计与职场礼仪两大内容。通过学习本书，学生可以更好地认识自己，提升自己，让自己形象更出众，行为更得体。本书的编写强调以学生未来的职场生活为切入点，内容覆盖女士和男士的形象设计及职场礼仪的相关内容，旨在从整体和细节上规范学生未来的职场行为，有利于学生更好地了解职场规则。

本书是一本校企合作的教材，由武汉职业技术学院文化与传媒学院教师、企业工作者、武汉理工大学文法学院新闻与传播专业研究生共同承担编写任务，由武汉职业技术学院文化与传媒学院李凌婧、冯芳、张艳辉策划、修改并统稿。李凌婧负责编写第六章的第三节、第七章；冯芳负责编写第一章的第一、第二、第三节，以及第二章、第三章的第四节；张艳辉负责编写第四章的第四节、第六章的第二节；刘福珍负责编写第三章的第一节，以及第五章的第一、第二节；何雅昕负责编写第五章的第四、第五节；谌华负责编写第三章的第二、第三节；陈素琴负责编写第一章的第四节、附录；蔡勤负责编写第四章的第一、第二、第三节；张昊负责编写第五章的第三节；陈慧负责编写第六章的第一节。

编 者
2018年5月

目录 CONTENTS

第一章

职场形象设计与礼仪概述

第一节 职场形象设计的概念

形象设计是研究人的外观与造型的视觉传达设计，是艺术与设计的交叉学科，又称形象塑造。形象设计是运用视觉元素塑造人的外观，并通过视觉冲击形成视觉优选，从而引起心理美感的综合性视觉传达设计，它涉及社会学、心理学、服装学、美学、公关学等多门学科。

形象设计运用造型艺术手段，通过化妆、发型、服饰、言谈举止等的综合营造，设计出符合人物身份、修养、职业、年龄的个性形象，是对一个人由内到外、从头到脚的全方位塑造，是人物内在形象与外在形象的完美结合，如图1-1所示。

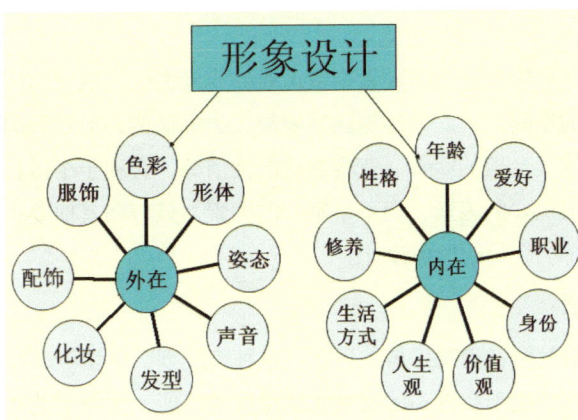

图1-1 形象设计的构成

近年来，国外的形象设计体系渐渐进入国内，使国内的形象设计行业有了新的生机，形象设计作为一门新兴的综合艺术学科，正在走进人们的生活。无论是政界要人、商界领袖、演艺界明星还是普通人都希望在公众面前展示良好的个人形象。

随着社会的发展，形象的包装已不再是明星的"专利"，普通职场人士对自己的形象也越来越重视，因为好的形象可以增加个人的自信心，对个人的求职、工作、晋升和社交都起着至关重要的作用。职场中一个人的工作能力固然是关键，但在现代社会，一个人，尤其是职场人士的形象将可能左右其职业生涯的发展前景。因此，个人需要注重自身形象设计，特别是在求职、工作、会议、商务谈判等重要活动场合。职场形象影响职场命运，成功的形象塑造在某种程度上是获得高职位的重要一环。针对职场形象的形象设计即职场形象设计。

第二节　职场形象设计的特点及艺术要素

职场形象设计要求根据时代的价值观和审美观，以及个人自身特点、个性、职业和身份等，用一定手段或方法塑造良好的个人形象，主要表现在化妆、发型、服饰及体态等方面，职场形象设计具有知识的多学科性和技能的专业性。又因个人形象千差万别，职场形象设计受个人生理、社会差异，以及环境的变化等条件制约，这就决定了职场形象设计要结合生理性和社会性原则，把握多样性原则，并合乎一般美学原则。

而个性化是形象设计的最高境界，职场形象设计不是雪中送炭，而是锦上添花，重要的是从个体心理的角度找到最适合的个性化包装方法，在环境限制的范围内找到最适合个体的定位。因此，我们要从以下几个艺术要素进行具体的、有针对性的形象设计，做到形体与外在形象的统一、色彩与设计的统一。

❯❯ 一、体型要素

体型要素是职场形象设计诸多要素中最重要的要素之一。良好的体型会给形象设计师施展才华留下广阔的空间。良好的体型固然要靠先天的遗传，但后天的塑造也是相当重要的。长期的健身护体、合理的饮食、宽容豁达的性情等，有利于个体长久地保持良好的体型。当然，体型是很重要的因素，但不是唯一的因素，只有在其他要素都达到统一、和谐的情况下，才能称得上完美的形象设计。

❯❯ 二、发型要素

随着社会科学的发展、美发工具的更新，各种染发剂、定型液、发胶层出不穷，为根据年龄、职业和个性塑造千姿百态的发型式样提供了可能，而发型的式样和风格又将极大地体现出个人的性格、精神面貌。

❯❯ 三、化妆要素

化妆是传统、简便的美容手段。化妆用品不断更新，使化妆有了更多的内涵。"浓妆淡抹总相宜"，从古至今，人们都偏爱梳妆打扮，特别是逢年过节、喜庆之日，人们更注重发型和化妆，可见化妆对开展设计的重要性。淡妆高雅、随意，彩妆艳丽、浓重，施以不同的妆容，使妆容与服饰、发型和谐统一，能更好地展示、表现自我。化妆在职场形象设计中起着画龙点睛的作用。

▶▶ 四、服装要素

服装造型在人物形象中占据着很大视觉空间，因此，服装要素也是职场形象设计中的重头戏。选择服装要考虑款式、颜色、材质，还要充分考虑视觉、触觉效果与穿着者所产生的心理、生理反应。服装能体现一个人的年龄、职业、性格、时代、民族等特征。一个形象设计师除了要熟练掌握美容美发技艺外，还要了解服装的款式造型、设计原理，以及服装的美学和人体工程学的相关知识。当今社会，人们对服装的要求已不仅是干净整洁，更增加了审美的因素。

因人而异，服装在造型上有A字型、V字型、直线型、曲线型之分；在比例上有上紧下松、下紧上松之分；在风格上有传统的含蓄典雅型、现代的奔放型等。类型运用得当，服装将会帮助个人的体型扬长避短。

▶▶ 五、配饰要素

配饰的种类很多，颈饰、头饰、手饰、胸饰、帽子、鞋子、包袋等都是人们在穿着服装时最常用的配饰。由于每一类配饰的材质和色泽不同，搭配出的造型也千姿百态。好的配饰能恰到好处地点缀服饰和个人的整体造型，能使灰暗变得亮丽，使平淡增添韵味。如何选择配饰，能充分体现人的穿着品位和艺术修养。

▶▶ 六、个性要素

在进行全方位的形象设计时，要考虑一个重要的因素，即个性要素。回眸一瞥、开口一笑、站与坐、行与跑都会流露出人的个性特点。忽略人的气质、性情等个性条件，一味地追求穿着的时髦，配饰的华贵，只会被人笑之为"臭美"。只有当"形"与"神"达到和谐时，才能创造自然得体的形象。

创造一个个性的、有特色的个人整体形象才是形象设计的高的境界。

▶▶ 七、心理要素

人的个性受先天的遗传和后天的塑造的影响，而心理要素更多地取决于后天的塑造和完善。高尚的品质、健康的心理、充分的自信，再配以形象设计的效果，是人们迈向事业成功的第一步。

▶▶ 八、文化修养要素

人与社会、人与环境、人与人之间是有相互联系的。在社交中，谈吐、举止与外在形象同样重要。良好的外在形象是建立在自身良好的文化修养基础之上的，而人的个性及心理要素也要靠丰富的文化修养来调节。一个人只有具备了一定的文化修养，才能使自身的形象更加丰满、完善。

在职场形象设计中，如果将体型要素、服饰要素等比为"硬件"的话，那么文化修养要素及心理要素则是"软件"。"硬件"可以借助形象设计师来塑造和变化，而软件则需靠自身不断的学习和修炼来提升。"硬件"和"软件"合二为一，才能达到形象设计的最佳效果。

个人形象设计并非一日之功。良好的个人形象设计是日积月累，把好的方面不断地展现给他人，把不好的地方逐渐改善的过程。

第三节　职场形象设计的意义及作用

树立良好的个人形象对于现代人具有特别重要的作用，良好的个人形象能促进事业、生活的发展，促进人际关系的发展，提高生活的品质，提升个人的综合素质。从个人的角度来讲，树立良好的个人形象还具有掩饰或矫正体型缺陷，增加美感、增加活力的作用，能唤起个人内在沉积的优良素质，使人们能通过自身的穿着、微笑、目光接触等一举一动，恰到好处地展示出自身高贵的气质和优雅的风度。从社会功能来讲，个人形象有识别、归类、吸引等作用。

》》一、识别作用

形象不是简单的穿衣、外表、长相、发型、化妆的组合概念，是一个人外表与内在的结合给人留下的印象，是外界对个人的印象和评价的总和。形象的内容宽广而丰富，它包括穿着、言行、举止、修养、生活方式、知识层次等。它在清楚地为你下着定义，无声而准确地讲述你的故事——你是谁、你如何生活、你是否有发展前途……

》》二、归类作用

在人际交往中，人们通常根据印象将他人归类，然后再从这一类别系统中对某人加以推论并作出判断。人与人之间的相互交往、人际关系的建立，往往是人们根据对他人的印象所形成的论断。良好的形象能够为自己加分，是一个人的"名片"，对个人走向成功能够起到极好的推动作用。对于那些追求成功的人，创立一个可信任的、有竞争力的、积极向上的、有时代感的形象，能帮助个人在群体中获取公众的信任，从而脱颖而出。

》》三、吸引作用

形象吸引力是一个人与他人交往过程中将对方注意力引到自己方面来的一种心理影响

力，即引起别人的注意的能力。它是人与人之间在认知、情感、品格等方面表现出来的一种亲近现象。从实质上讲，人的外貌与人的学识水平、文化修养、才能品格并不存在必然的联系，然而作为具有社会属性的人，经过人类文化的熏陶，具有一定的审美能力，长相俊俏、衣着讲究、气度高雅的人，总给人以愉悦之感，这是人之常情，也是人类社会及文化发展的结果。

可见，形象在社交生活和个人事业发展中都起着至关重要的作用。形象是一个人在社会生活中的广告和名片，每个渴望成功的人，都应该善于利用自己的形象资本，树立形象意识，从一点一滴做起，逐步塑造良好的自我形象，并充分运用形象这个好武器开拓和创造自己辉煌的事业和人生。

树立良好的个人形象即需要进行职场个人形象设计。职场形象设计就个人来说，它体现着一个人的文化素质和生活态度；对于公司、企业来说，它反映着一个企业的成败兴衰；对于一个城市来说，它还会反映出城市经济、文化发展的速度。

第四节　职场礼仪概述

》 一、职场礼仪的概念

职场礼仪是指在职场环境中人际交往需要遵循的客观规律，是用来表现律己、敬人的一整套行为准则。从个人的角度讲，职场礼仪可以说是一个人的内在修养和素质对外的一种表现形式；从交际的角度讲，职场礼仪是职场人在人际交往中的一门艺术，可用以表达对他人的尊重、友好；而从传播的角度讲，职场礼仪又可以说是职场人在人际交往中相互沟通的一种技巧。职场礼仪有自身的规律性，内容也丰富多样。

》 二、职场社交礼仪的原则

在职场社交场合中，如何运用社交礼仪，怎样才能发挥礼仪应有的效应，怎样创造最佳人际关系状态，怎样让社交礼仪帮助职场人士取得更多的成功，都同遵守礼仪原则密切相关。

（一）真诚尊重的原则

在人际交往时，真诚尊重是礼仪的首要原则。只有真诚待人，才是尊重他人；只有真诚尊重，方能创造和谐、愉快的人际关系，真诚和尊重是相辅相成的。真诚是对人对事的一种实事求是的态度，是待人真心实意的友善表现。

（二）平等适度的原则

在职场社交上，礼仪行为是双方的，你给对方施礼，自然对方也会相应的还礼于你，礼仪施行必须讲究平等适度的原则。平等适度是人与人交往时建立情感的基础，是保持良好的社交关系的诀窍。平等适度在交往中，应表现为处处时时谦虚待人，这样才能结交更多的朋友。

（三）自信原则

自信原则是社交中要注意的一个心理健康的原则，唯有对自己充满信心，才能在工作中如鱼得水，得心应手。自信是社交场合中一份很可贵的心理素质。一个有充分自信心的人，才能在交往中不卑不亢、落落大方，遇到强者不自惭，遇到艰难不气馁，遇到侮辱敢于挺身反击，遇到弱者会伸出援助之手。

（四）守信宽容的原则

守信的原则即讲究信誉的原则。守信是我们中华民族的美德。在职场中，尤其讲究守时和守约。在社交场合，如没有十分的把握就不要轻易许诺他人，许诺了做不到，反落了不守信的恶名。

宽容的原则即与人为善的原则。在社交场合，宽容是一种较高的境界。宽容是人类一种伟大的思想，在人际交往中，宽容是创造和谐人际关系的法宝。站在对方的立场去考虑，是你争取朋友的最好方法。

▶▶ 三、职场礼仪的重要性

（1）职场礼仪是个人进入企业的敲门砖。如果一个面试的人有工作能力，但却不懂职场礼仪，那么就算他进入了公司，也不一定能坐稳位置，因为在工作中需要运用许多职场礼仪去调节上下级、同事之间的关系。在与客户交流协商时，也需要懂得职场礼仪。所以不懂职场礼仪，将成为工作中的绊脚石。由此可见，职场礼仪是工作中要学的重要知识，只有掌握它、应用它，你才能更好地工作。

（2）职场礼仪不仅可以有效地展现一个人的教养、风度、气质和魅力，还能体现一个人对社会的认知水平，以及个人的学识、修养和价值。

运用职场礼仪，在复杂的人际关系中保持冷静，按照礼仪的规范来约束自己。通过职场礼仪中的一些细节，得到领导更多的信任，使人际间的感情得以沟通，与同事建立起相互尊重、相互信任、友好合作的关系，从而使自己的事业进一步发展，在职场中如鱼得水。

（3）职场礼仪不仅体现在个人的形象上，还体现在企业形象上，一个企业重视员工的职业礼仪，会使企业体现出不一样的素质水平和企业管理理念。

现在，世界交流日益频繁，不仅服务行业重视职场礼仪和企业形象，许多企业都重视对员工职场礼仪的培养。对于一些企业而言，提高产品质量已不能明显增强企业的竞争能力，所以提升服务和形象已经成为现代企业竞争中重要的环节。

第二章

化妆

第一节　化妆概述与历史

》 一、化妆概述

化妆是现实生活中人们美化生活、塑造形象、反映个性气质特点和审美情趣的一种重要手段。运用化妆品和化妆工具，采取合乎规则的步骤和技巧，对人的面部、五官及其他部位进行渲染、描画、整理，掩饰缺陷，表现神采，从而达到美化容颜的目的。化妆能表现出人的独有气质、焕发风韵、增添魅力。成功的化妆能唤起人心理和生理上的潜在活力，增强人的自信心，使人精神焕发，还有助于消除疲劳、延缓衰老。不仅如此，化妆在娱乐、体育、摄影、广告、服装表演等领域也起着不可或缺的重要作用。化妆技法随着时代发展的变迁不断推陈出新，使化妆效果更加细腻、生动，尤其是当今，高科技手段与化妆技法相结合，为现代化妆艺术平添魅力。

》 二、化妆历史

化妆是一种历史悠久的女性美容技术。古代人们在面部和身上涂上各种颜色和油彩期望以此驱魔逐邪，并显示自己的地位。后来，这种装扮渐渐变得具有装饰的意味，一方面，在表演时需要改变面貌和装束，以表现角色；另一方面则是由于实际需要。例如，古代埃及人在眼睛周围涂上黑色，以使眼睛免受日光直射的伤害；在身体上涂上香油，以保护皮肤免受日光和昆虫的侵扰等。如今，化妆已成为满足女性（化妆者以女性为主）追求自身美的一种手段，其主要目的是利用化妆品、化妆工具并运用化妆技巧来增加自身的美丽与自信。

第二节　常用化妆工具和化妆品

》》一、化妆工具

在化妆过程中，化妆工具起着至关重要的作用。好的化妆工具在保证化妆质量的同时，还可以提高化妆工作的效率。因此，学习化妆的人准备一套好品质的化妆工具是必不可少的。

（一）海绵扑

在化妆中，海绵扑（见图2-1）较为常用，是涂抹粉底的专业工具，可以利用海绵扑推开不均匀的粉底，使粉底与皮肤更加的贴合。涂粉底的海绵扑应选择柔软的材质，使用前可适当地喷点水，防止海绵扑吸走过多的粉底。用海绵扑轻轻地在皮肤上滚压，效果自然的粉底就涂好了。注意，每隔一段时间应该用温和洗涤剂（如洗面奶等）将海绵扑清洗干净。

（二）粉扑

粉扑（见图2-2）用于涂抹定妆粉，一般呈圆形。专业化妆粉扑背后有一半圆形夹层或一根宽带，在定妆后的化妆过程中，化妆师用手指勾住粉扑背后的夹层或宽带做衬垫进行描画，以免蹭花已化好的妆面。粉扑用脏了也需要清洗，方法和海绵扑一样，不过洗后一定要注意晾干后再使用。

图2-1　海绵扑

图2-2　粉扑

（三）眉钳

眉钳（见图2-3）用于拔除多余的杂眉，使用时要注意顺着眉毛生长的方向拔，速度要快，这样才不会痛，如逆着毛囊生长的方向拔会产生疼痛而且会破坏毛囊。

（四）眉刀

大多数情况下人们采用眉刀（见图2-4）夹修饰眉毛，采用眉钳容易造成毛囊发炎，长期使用眉钳也容易导致眉尾下垂。采用眉刀修饰眉毛的时候，刀片应呈45°，精神要集中，以避免不小心刮伤皮肤。

图2-3　眉钳

图2-4　眉刀

（五）眉剪

眉剪（见图2-5）用于修理较长的眉毛，修剪时要先用滚刷将眉毛梳理整齐后再进行修剪。眉剪还可用于修剪美目贴和假睫毛。

（六）美目贴

美目贴（见图2-6）主要用来调整眼形。现在市场上有专门用来调整内双眼眼形的特定形状的美目贴。美目贴一般需要根据不同的眼形进行修剪再使用。粘贴美目贴时需微闭眼睛，在上眼皮出现的最深的一道褶皱处粘贴美目贴，美目贴的上边缘要压住眼睛的褶皱，以达到改变和完善眼形的目的。

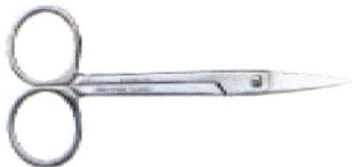

图2-5　眉剪

图2-6　美目贴

（七）眉刷

眉刷（见图2-7）要选择毛质柔软的斜面刷子，斜面有助于在原有眉毛的基础上绘制出纤细理顺的眉线。用眉刷蘸少许的眉粉顺眉毛的方向轻轻一刷，自然而简单的眉型就完成了。

（八）眼影刷

眼影刷（见图2-8）用于涂抹眼影。涂抹眼影时，应根据需要选择不同型号的圆头刷子。这种刷子的特点是，刷毛由短到长排列，头部呈圆形。由于刷毛长短不一，眼影的粉末就能够均匀地涂抹在刷子的斜面上，当刷子接触到皮肤时，颜色就不会一下子涂在一个部位。这种刷子可使眼影涂抹均匀，所以我们选用眼影刷时一定要注意看刷头够不够圆、刷毛够不够柔软。

图2-7 眉刷

图2-8 眼影刷

（九）眼线刷

眼线刷（见图2-9）刷头要娇小、柔软，可用眼线刷蘸眼线液或粉在睫毛根部描画。用眼线刷画眼线可以达到自然柔和的效果，不过需要经过多次练习，才可以描绘出漂亮的眼线。

（十）腮红刷

腮红刷（见图2-10）刷毛不是齐头的，而应是中间长、两边短并呈弧度的柔软的毛质刷子。柔软的毛质刷子可扫出柔和的效果，腮红打在笑肌会显得更加可爱。

图2-9 眼线刷

图2-10 腮红刷

（十一）定妆刷

定妆刷（见图2-11）外形饱满，毛质柔软、平滑、触感好，呈弧形，可以在定妆过程中使用，起到固定妆面的效果，也可以用于扫除面部多余的散粉。一般而言，应把化妆套刷中最大、最柔软的刷子用作定妆刷。

（十二）唇刷

除了唇线笔外，唇刷（见图2-12）是描绘完美唇形的好工具。因唇膏是一种黏性物质，所以只有坚实的刷子才便于使用，其中，用貂毛制作的刷子是最理想的。

图2-11 定妆刷

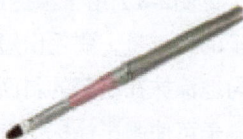

图2-12 唇刷

（十三）两用眉梳

两用眉梳（见图2-13）的一边是眉刷，一边是睫毛梳。眉刷轻扫眉毛可以使眉色更加的清淡、自然；睫毛梳是用来把睫毛向上或向外梳理整形的有效工具，它能把睫毛膏均匀地梳开，并去掉睫毛膏凝块，避免睫毛打结，使睫毛根根分明，更加美丽。

（十四）遮瑕刷

遮瑕刷（见图2-14）用于蘸粉底，遮盖面部细小部位的瑕疵，如眼袋、黑眼圈等，使面部看起来更加洁净完美，所以遮瑕刷的头必须尖细。

（十五）滚刷

滚刷呈螺旋状，主要配合眉剪使用。在用眉剪修理过长眉毛时，可借助滚刷来配合进行，避免把整条的眉毛剪得参差不齐。

图2-13　两用眉梳　　　　　　　　　　　　　　　图2-14　遮瑕刷

》》 二、化妆品的选择与运用

化妆品是指以涂抹、喷洒或其他类似方法，散布于人体表面任何部位（皮肤、毛发、指甲、口唇等），以达到清洁、消除不良气味、护肤、美容等目的的日用化学工业产品。

化妆品包括基础化妆品、美容化妆品、特殊用途化妆品3部分。基础化妆品是用于保护皮肤、毛发，促进皮肤和毛发健康的；而美容化妆品是用于修饰脸部、指甲等部位，以增加美丽的；特殊用途化妆品是指用于育发、染发、烫发、脱毛、健美、祛斑、防晒等的具有特殊成效的化妆品。不论是哪种化妆品都不同于药品，其目的主要就是清洁、护肤、美容。

一般化妆品中都添加了香料，在增加香味的同时会给个别人带来化妆品过敏的危险。化妆品应存放在低温环境下，否则容易变质。

（一）粉底的选择及运用

粉底在化妆中主要是使用在面部，起统一皮肤色调的作用。选择粉底时应考虑到每个人不同的面部肤色。选择时要观察粉底的颜色，一般要选择和自己肤色接近并稍浅的产品，不能过于偏红或偏黄。试用时要看产品的遮盖力、附着力及滋润度。不过由于有的粉底中有添加剂，所以敏感肌肤的人在选购时最好先试用一下。

打粉底的工具可以采用专用的海绵扑也可以使用手指肚，可根据个人的喜好和化妆习惯而定。

1. 粉底的类型

（1）基础粉底液（隔离霜）

基础粉底液属于滋养型妆前修饰液，涂于皮肤和粉底之间，可以起到隔离和保护皮肤的作用，如图2-15所示。

（2）粉底液

粉底液油脂含量较少，水分含量较多，各种肤质都可以使用，效果清透、自然、有光泽，但其遮盖力不强，适用于皮肤较好的人，夏季使用和化淡妆效果更好。

（3）粉饼粉底

粉饼粉底（见图2-16）遮盖力较强，使用比较方便，可以起到粉底和定妆粉的双重作用。

（4）粉底霜

粉底霜（见图2-17）呈膏体状，油脂含量较高，遮盖力强，适用于面部有瑕疵、年龄较大或皮肤干燥的人。

图2-15　基础粉底液　　　　图2-16　粉饼粉底　　　　图2-17　粉底霜

（5）BB霜

BB霜（见图2-18）是一种化妆用品，BB是Blemish Balm的缩写，意思是伤痕保养霜，最初是德国人为接受激光治疗的病人设计的，质地比较厚重，含护肤和防晒成分，能使受损肌肤得到修复。BB霜作为膏霜型产品无油光和油腻感，所以不再需要使用粉类产品来修饰，而且能有效遮盖皱纹和粗大毛孔，使肤质变得细致、嫩滑。BB霜是具有美白功能的再生霜，只用BB霜，可达到抵御紫外线、打造自然底妆、遮盖缺点等效果，是现代忙于工作的职业女士选择的佳品。

（6）CC霜

CC霜（见图2-19）的全称为色彩全效调控修容霜。CC霜集肤色修正、保湿，增加皮肤弹力，改善皱纹，以及软化角质、美白修护、调解皮脂、抵御紫外线、隔离脏污空气等功效于一身。CC霜能在展现裸妆般的好气色的同时，还提供多功效的肌肤呵护。CC霜集

化妆

合了BB霜的优点，又特别添加了美白成分和多效维生素C，外在修饰、内在美白是CC霜的又一大亮点。

图2-18　气垫BB

图2-19　CC霜

2. 粉底的颜色选择

（1）淡黄色粉底

淡黄色粉底可用来调整黑眼圈，改善面部较黑的肤色，能让黄皮肤看起来均匀、明亮，使皮肤宛如搪瓷一样细致、柔和，但不能用得太多，最好和肤色粉底按1∶4的比例进行调和，否则容易看上去肤色偏黄、不自然。

（2）淡紫色粉底

淡紫色粉底可用来调整、改善面部偏黄的肤色，适合肤色偏黄、暗沉的人，对遮盖黑眼圈也有神奇的效果。它能增加肤色的红润度和光泽感，使皮肤细腻而有透明感。如果点在眼下、鼻梁和额头等突出部位，会让脸庞宛如有烛光照着一般，明亮生辉。

（3）粉红色粉底

粉红色粉底可以使肤色苍白的脸面色红润、健康。在双颊使用，可以代替腮红，呈现一种非常自然的白里透红的感觉。

（4）淡绿色粉底

淡绿色粉底可以用来调整、改善面部偏红的肌肤，还可以改善脸上的小雀斑以及长痘留下的小疤痕，也有提亮妆面的作用。

（二）局部化妆品的选择及运用

局部化妆品用于面部的局部部位，其色彩鲜艳丰富，修饰效果好。

1. 眼影

（1）眼影的选择

眼影（见图2-20）具有调整眼形、加强立体感的作用，在化妆品中色彩也是最为丰富的。眼影可分为影色、亮色、强调色3种。

①影色是收敛色，涂在希望显得凹的地方或者显得狭窄的、应该有阴影的部位，一般包括暗灰色、暗褐色等。

②亮色也是突出色，涂在希望显得高、显得宽阔的地方，亮色一般是发白的颜色，包括米色、灰白色、白色和带珠光的淡粉色等。

③强调色可以是任何颜色，其真正使命是明确表达自己的意思，吸引人们的注意力。在选择强调色眼影时，要考虑自己的服饰和唇色与之相协调。一般来说，蓝色、褐色和灰色，往往给人以漂亮和时髦的感觉；紫色显得温和、幽雅；桃红色能增添妩媚动人的风姿；紫罗兰色能传达成熟的魅力；绿色使人有爽快的感觉；金属色彩一般是在舞台上使用的。

（2）眼影的运用

眼影要从睫毛根处开始向上描画，由深到浅逐渐晕染。颜色的晕染要自然。

2. 眼线笔

（1）眼线笔的选择

眼线（见图2-21）是用来加强睫毛浓密程度和调整眼形的，最为常用的颜色是黑色和棕色。眼线笔以容易上色、笔芯较软为佳，这样画眼线时不易刺激皮肤。也可以选择眼线液，用眼线液描画的眼部线条较清晰、流畅，不易脱色，但初学者不易掌握。

（2）眼线的运用

上眼线紧贴上睫毛上方，眼尾最粗、略上扬，眼角渐渐变细、消失。但如果是下垂眼或两眼间距宽，眼线可画到内眼角并强调内眼角，以修整眼形。下眼线一般紧贴下睫毛内侧，长度不超过上眼线的三分之二。

3. 眉笔工具

（1）眉笔

眉笔（见图2-22）最常用的颜色为棕色和灰色，在挑选眉笔时要观察其颜色是否纯正，棕色眉笔不能偏红或偏黄，否则画出来的颜色不够自然、真实，最好避免使用比头发颜色深的眉笔，否则会使人为修整的痕迹过于明显。在笔质的选择上要软硬适度，太硬的笔不易着色，太软的笔画出的线条不清晰且笔容易断。

图2-20　眼影

图2-21　眼线笔

图2-22　眉笔

使用眉笔时按眉毛生长方向，由下向斜上方描画，下笔要轻，颜色最深的部分是眉峰处，从眉峰开始往斜下方画，画到眉梢处颜色逐渐减淡直至消失。

（2）染眉膏

染眉膏（见图2-23）的主要作用就是染眉，如比较浓黑的眉毛一般可以用浅色的染眉膏来染，这样能使画过之后的眉毛不会太厚重。而如果眉毛比较稀疏的话，用深色一点的染眉膏可以使眉毛看起来均匀、浓密。另外，使用染眉膏可以使得眉毛更加立体。

（3）眉粉

开始学化妆的时候，如果不是太会使用眉笔，可以直接用眉粉（见图2-24），但是事先要修好眉型。画眉时一般将眉笔和眉粉结合起来使用，眉笔勾画眉型，眉粉补一些没有着色的空隙，使眉毛看起来更加均匀。

图2-23 染眉膏

图2-24 眉粉

4. 腮红

（1）腮红的选择

腮红（见图2-25）也称胭脂，可以用来改善肤色，使脸色健康、红润，突出面部轮廓，矫正脸型，给脸部的妆容增加生动感和结构感。腮红的选择要根据妆面和年龄来定。恰当地晕染腮红，可以使面容更加健美、富有生气。

（2）腮红的运用

腮红所打的位置很重要，不同的位置会产生不同的化妆效果。标准腮红是打在颧骨处微笑时面部微微隆起的部位。腮红的晕染边缘要自然。腮红的基本打法有横打和竖打两种。横打也称团式打法、娃娃式打法、苹果式打法，颧骨最高处颜色最重，向四周渐渐散开，整个形状呈放射状。这种打法适合年轻、活泼、可爱的女生。竖打也称斜打，发际线处颜色最重，向前慢慢变淡。此打法适合年龄略大的女性，具有修饰脸型的效果，会使人显得成熟妩媚。

5. 睫毛膏

（1）睫毛膏的选择

睫毛膏（见图2-26）能加深睫毛的颜色，可使睫毛看上去更加浓密、纤长、卷翘。选择睫毛膏时要注意：睫毛膏对眼部应安全无害、无刺激性，倘若如使用时不慎落入眼中，不可有刺痛感；睫毛膏应有一定的光泽，使用能后使睫毛颜色加深、有光泽，产生较好的美容效果；膏体应均匀细腻、黏稠度适中，容易涂刷，使用后睫毛不易结块；睫毛膏干燥后要不粘眼皮；睫毛膏的刷头应软硬适度。

（2）睫毛膏的运用

涂睫毛膏时，将睫毛刷与眼睛平行，从上眼睑内侧开始，一根一根地涂；涂下眼睫毛时，将睫毛刷与鼻子平行，用刷尖一根一根地涂。外眼角可多涂一些，这样可以使眼睛显得更大。睫毛一定要一根一根分开刷，不能黏在一起。

6. 口红

口红（见图2-27）颜色繁多，在挑选口红时，最重要的是在色彩缤纷的口红世界中，找出适合自己的口红。通常生活中选择接近自己本来唇色的口红颜色为佳，能给人柔和、自然的印象。在口红的质量上，要尽量选择优质的口红，长时间使用劣质口红会使嘴唇变干，失去光泽，使唇部黏膜缺乏自我保护功能。

图2-25 腮红

图2-26 睫毛膏

图2-27 口红

第三节　化妆的基本步骤和技法

画出完美的妆，展现个性的美，是每个女性都想实现的。但是怎样化妆，在化妆的过程中有哪些技巧，要了解这些就需要掌握化妆的程序和基础技法。下面来介绍化妆的基本步骤。

》》 一、洁面

洁面（见图2-28）也就是洗脸，有人会问，从小就天天洗脸，这还用教吗？其实不然，80%以上的人洗脸方法都有错误或疏漏。黑头、痘痘等皮肤问题都与洗脸方法不正确、洗不干净有关。即使用昂贵的化妆品，如果操作方法不对，同样起不到清洁、美容的效果。那么，怎样洗脸才正确呢？下面来介绍洗脸的6个步骤。

（一）用温水润湿脸部

洗脸用的水温非常重要。有的人图省事，直接用冷水洗脸；有的人认为自己是油性皮肤，要用很热的水才能把脸上的油垢洗净。其实这些都是错误的观点，正确的方法是用温水。这样既能保证毛孔充分张开，又不会使皮肤的天然保湿油分过分丢失。

（二）使洁面乳充分起沫

无论用什么样的洁面乳，量都不宜过多，面积有硬币大小即可。在向脸上涂抹之前，一定要先把洁面乳在手心

图2-28 洁面

充分打起泡沫，忘记这一步的人最多，而这一步也是最重要的一步。因为，如果洁面乳不充分起沫，不但达不到清洁效果，还会使洁面乳残留在毛孔内引起痘痘。泡沫当然是越多越好，操作时还可以借助一些容易让洁面乳起沫的工具。

（三）轻轻按摩脸部15下

把泡沫涂在脸上后要轻轻打圈按摩，不要太用力，以免产生皱纹。大概按摩15下左右，让泡沫遍及整个面部即可。

（四）清洗洁面乳

用洁面乳按摩完后，就可以清洗了。有一些女性怕洗不干净，用毛巾用力地擦洗面部，这样做对娇嫩的皮肤非常不好。应该用湿润的毛巾轻轻在脸上按，反复几次后就能清除掉洁面乳，又不伤害皮肤。

（五）检查发际

清洗完毕，你可能认为洗脸的过程已经全部完成了，其实并非如此。我们还要照照镜子检查一下发际周围是否有残留的洁面乳，这个步骤也经常被人们忽略。有些女性发际周围总是容易长痘痘，其实就是因为忽略了这一步。

（六）用冷水撩洗20下

最后，用双手捧起冷水撩洗面部20下左右，同时用蘸了凉水的毛巾轻敷脸部。这样做可以使毛孔收紧，同时促进面部血液循环。这样才算完成了洗脸的全过程。

这种一丝不苟的洗脸方法有很多功效，如防皱、美白，但需要长期坚持才有效果。如果每天都能按照这种方法认认真真地洗脸，你会发现你的肤质在慢慢改善。

二、涂护肤产品

洁面后要涂抹护肤产品。护肤产品主要对皮肤起保湿作用，并在皮肤表面而形成一层保护膜。油性皮肤宜用乳液，干性皮肤宜用脂类护肤品。

（一）眼霜

眼部是脸上皮肤最薄的地方，并且没有汗腺。因此一定要在面霜之前使用眼霜，否则可能产生油脂粒。至于精华素，则要视具体产品是否能用于眼部而定，如果是可以用在眼部的精华素，则应在眼霜之前使用。挤出米粒大小的眼霜，用两手的中指和无名指（两个力度最轻的指头）轻轻由内眼角向外眼角按压，可稍做打圈动作，但幅度、力度一定要小。

（二）柔肤水

用手掌将柔肤水轻轻拍在脸上的感觉比较舒爽，也不会浪费，但这种方式却不能最好地把柔肤水均匀涂抹在整张脸上。正确的方式是将用柔肤水浸湿的棉片从额头中央开始，以鼻中线为中轴线，分别向左、向右，由上至下地横向涂抹全脸。使用这样的手法，即使是眼窝部位也能均匀享受到柔肤水的清洁和滋润作用。

（三）精华素

顺着面部淋巴排毒的方向，由鼻中线向两边，将整个面部分成额头、面颊和下巴3个区域整脸涂抹，之后再用手掌顺着以上方向轻轻按摩。

（四）护肤乳/霜

想要让皮肤更好地吸收富有滋润成分的产品，顺着毛孔打开的方向，由下至上地推进是非常有效的。先把面霜点在下巴、两颊、额头和鼻尖，然后从下巴开始以打圈的方式缓缓向上，经过鼻子到额头；再从嘴角两边向上将脸颊上的乳霜也涂开。如果是乳液的话，可以更好地利用手掌，大面积地按压涂抹均匀。对于舒缓、清香的产品，这种方法能让嗅觉灵敏的鼻子最先享受到芬芳的抚慰。

三、修剪眉毛

修剪眉毛在整个化妆过程中很重要，眉毛要适合自己的脸型，不要一味地追求流行。修眉是一门技巧性很高的技术，我们既要掌握操作技术，又必须认真仔细，才能修出理想的眉型。其主要步骤如下。

第一步：准备修眉工具。

修眉工具包括眉钳、小镊子、眉笔、眉刷、镜子、眉剪、滋润乳液和化妆棒等用具。

第二步：清洁。

对着镜子用眉刷轻刷双眉，以除去粉剂及皮屑，再用化妆棒蘸酒精或收敛性的化妆水，涂抹眉毛及周围，作为修拔前的准备，有清洁和安抚的作用。必要时也可以用温水浸湿的棉球或热毛巾盖住双眉，使眉毛部位的组织松软一些。

第三步：确定眉型。

用眉笔（笔杆不能太粗，以免影响判断结果）紧靠鼻翼，与内眼角连成一线，笔尖和眉头交界处为漂亮眉毛的起点（不必将多出的部分完全剃掉，只需在画眉时从这一点开始画即可，这样可以使过渡更自然）；笔尖稍微倾斜，与瞳孔外侧拉成一条直线，笔尖与眉毛的交会点即眉峰的位置；笔尖再倾斜，与外眼梢拉成一条直线，笔尖与眉毛的交会点即适当的眉尾位置，可分别用眉笔轻轻画下记号。

第四步：用与头发颜色相似的眉笔或眉粉画出理想的眉型。

用与头发颜色相似的眉笔或眉粉画出理想的眉型后，再开始修眉，可提高准确度。用眉笔画眉毛的时候，要用画羽毛的方式一小笔一小笔地描画，填补眉毛之间的空隙之处，每一笔不要比自然的眉毛长。从眉头的部分开始向后画，然后用眉刷或者手指把颜色匀开。也可以用眉型刷或海绵头化妆棒蘸上眉粉，沿着理想的眉型描画。凡留在轮廓线以外的眉毛都是多余的，要擦除。

第五步：拔除理想眉型外的杂毛。

用眉钳夹紧眉毛的根部，朝着眉毛生长的方向拔（这样不会把眉骨上的皮肤拉松），一次拔一根毛，拔完立即把眉毛刷顺，检视是否有出错的地方，并不断重复这个过程。也可以使用剃刀将眉毛周围的毫毛和多余的毛刮掉。

第六步：修剪过长的眉毛。

"依次处理每一根"是准则。只剪去那些多余和过长的眉毛即可。

第七步：用冰块冷敷。

拔完眉毛后可以用冰块冷敷，减轻疼痛感，也可以使用茶树精油，改善红肿现象。

四、使用隔离霜（调整面部色差）

隔离霜用于调节肌肤水油均衡，使粉底更易上妆，调整肤色。由于每个人的肤质、肤色不同，要使用不同颜色的隔离产品来进行修饰，帮助完善妆面效果。隔离霜还可以使皮肤与粉底、其他彩妆隔离开，起到保护皮肤的作用。所以，隔离霜不仅是护肤的最后步骤，也是上彩妆的第一步，因此极为重要。使用方法如下。

取绿豆粒大小的隔离霜，放在手背上，按脸颊、额头、鼻子、下巴的顺序涂开。在皮脂分泌较多、油亮的T字位和下巴部位，涂上薄薄的一层。在皮脂分泌较少的眼部周边和从鼻翼到嘴角等一笑就容易出现皱纹的部位，用粉扑的一角，仔细涂抹。

选择隔离霜时要选择适合肤色的隔离霜，与粉底颜色的挑选不同，隔离霜颜色要与自己的肤色相反。为了更好地针对肤色，隔离霜有紫色、绿色、白色、蓝色、金色、肤色等颜色供大家参考选择。

（一）紫色隔离霜

在色彩学中，紫色的对比色是黄色，因此，紫色最具有中和黄色的作用。它的作用是使皮肤呈现健康明亮、白里透红的色彩，适合偏黄的肌肤使用。

（二）绿色隔离霜

在色彩学中，绿色的对比色是红色，绿色隔离霜可以中和面部过多的红色，使肌肤呈现亮白的完美效果，另外，还可有效减轻痘痕的明显程度，所以适合偏红肌肤和有痘痕的皮肤。

（三）白色隔离霜

白色是专为皮肤黝黑、晦暗、不洁净、色素分布不均匀者设计的。当使用白色的隔离霜之后，皮肤的明度增加，肤色会看起来干净、有光泽度，白色隔离霜适合晦暗、色素不匀的皮肤使用。

（四）蓝色隔离霜

蓝色可以加强肌肤的透明感，一般在肤色较白或需要打亮的部位涂抹。蓝色不同于紫色，它可以较"温和"地修饰肤色，使皮肤看起来"粉红"得自然、恰当，显得更加纯净、白皙、动人。它适合皮肤泛白、缺乏血色、没有光泽度的女性使用。

（五）金色隔离霜

如果希望拥有巧克力色皮肤，那么金色隔离霜是最好的选择。此外，金色隔离霜还可以让皮肤黑里透红、晶莹透亮、充满活力，适合肤色较黑的人，或追求麦色肌肤的人。

（六）肤色隔离霜

肤色隔离霜不具调色功能，但具高度的滋润效果。

▶▶ 五、涂抹粉底

粉底的作用是遮掩面部的瑕疵及不匀的肤色。涂上粉底，可使肤色滋润、光洁，使彩妆更出彩。选用粉底时，以手腕颜色为依据，选用比手腕颜色浅些的颜色为主粉底色，然后还要配以较亮的粉底，用在面部较凸出的部位（鼻梁、眉弓、下颌等处），再选用较深的粉底，用在凹陷及需掩饰的部位，目的是修复脸型的不足。涂粉底要用海绵轻轻拍打、按压，让它与皮肤混为一体，并且要注意粉底涂抹的厚薄部位，一般在眼部、鼻翼、嘴角处需多涂抹一遍，因为这些部位皮肤褶皱较多，不容易涂抹均匀也容易留下粉底痕迹。还要注意发际线及脖颈的部位也一定要涂抹到。

（一）选择合适的粉底种类

粉底是化妆品中最具个人风格的，一种粉底不一定适合每个人。在挑选粉底的时候，肌肤的颜色、质地、生理年龄、外观状态都是影响粉底选择的关键因素，而且这4种因素会随着时间变化而变化。举例来说，皮肤在夏天散发出来的光泽就和冬天有所不同，因此得随时依照肌肤的需求来调整。大体上来说，容易长青春痘的油性肤质最好采用亲水性、不会阻塞毛孔的液状粉底；而干性肤质则可以使用含有较多油质的油溶性粉底以获致滋润效果。内含防晒系数的粉底是所有类型肌肤在夏季时的最好选择，在冬日需要在室外待上一段时间时，也不妨考虑使用这类产品。

（二）选择合适的粉底的颜色

能与原有肤色融合为一的粉底才是最合适的粉底（选择时一定要在脸上试用，不要只在手上试）。在试用粉底时，可到室外去看看，合适的粉底即使在阳光的直接照射下也看不出明显的痕迹。如果脸上有明显的色素沉淀，那么最好选择暖色系或者稍微深一点的粉底；如果脖子的肤色比脸部要黑，也可以使用暖色系的粉底来补救。

（三）粉底的使用方法

（1）用手指或化妆海绵，把粉底涂在脸上需要的地方即可。可以借着抹匀与晕染来控制粉底的透明度。

（2）稍微含水的化妆海绵比较容易在脸上滑行，也比较好将稀释的粉底液抹在脸上。

（3）如果打算把粉底再打薄一点，可以在使用粉底前，在手掌上加一点滋润乳液与之调匀再涂。

（4）粉底的用量过多，涂上会像是戴了一张面具。如果打的粉底看来有些生硬，可继续用手指或化妆海绵将其抹匀，或在海绵上覆盖一张面纸，轻轻地吸拭浮在皮肤表面的过多的粉底和油质。这个动作可以让化妆效果更透明和持久。

（5）最后，针对尚有瑕疵的部分，涂上盖斑膏修饰。

（6）记得在用完盖斑膏后，再涂上淡淡的一层粉底，以保持脸上的色调均匀。

（7）如果整张脸都打上了粉底，记得要将下颌的粉底抹匀，这样脸部与颈部就不会有明显的边界线。发际线附近的部位也要仔细涂抹。

（8）就算不画眼影，最好还是在眼皮上打上粉底遮掩红色、黑色的色素沉淀，让双眼看来更加清新亮丽。上完粉底后立刻再抹上一层薄薄的蜜粉，这样就不会在双眼褶皱处形成褶痕。

▶▶ 六、扑蜜粉（定妆粉）

对于新手来说，扑蜜粉是化妆中比较难的一个步骤，如果使用不当，就会出现浮粉现象，之前打好的妆基础也就毁掉了。打完粉底后，需扑蜜粉定妆，定妆的作用是使上了粉底的肤色看上去自然柔和不油亮，还可以保持妆面的持久性。蜜粉也有亮色、暗色及接近肤色之分，它们的作用与粉底不同颜色的作用相同。使用时，一定要注意使用蜜粉的正确使用方法。

（1）用细腻的粉扑，每次蘸少量的粉，轻轻地按压到脸部，千万不能涂，只能按压，而且一次不要蘸太多的粉，尽量弄得少一点，按压的次数多一些（这样妆面会更透亮），同时应注意均匀。

（2）如果一次蘸粉太多，或者出现浮粉现象，可用大号的散粉刷扫一下。

（3）按压完毕之后，用喷雾做最后的定妆，这点对透明妆来说也比较重要，将喷雾均匀细密地喷洒到面部，之后用柔软干净的面巾纸按压面部，带走多余的水分与浮粉。如果皮肤太干，可以使用保湿型喷雾，或者用精油来调配。

七、画眼线

画眼线是化妆过程中很重要的一个环节，画过眼线的眼睛会给人轮廓清晰、睫毛浓密的感觉。眼线使眼睛看起来变大了许多，突出了眼睛的神韵。初学画眼线时，会需要重复画好几次。建议初学者先使用眼线笔描画。具体方法如图2-29至图2-33所示。

（1）握眼线笔与握铅笔的方法是一样的，握得越靠前越好控制线条，勾画之前，要先把笔头磨圆。

（2）将镜子放在距身体20厘米处，眼睛向下看，用无名指把眼皮轻轻向上拉，这样能使描画位置不易出错，如图2-29所示。

图2-29　轻拉眼皮

（3）先画眼部的中段（大约是眼珠上方位置），描绘眼部中段时，眼线笔笔尖紧贴睫毛根部，如图2-30所示。

（4）画出"眼尾→眼中"线段，再反向勾勒线条回来，切记要画在睫毛根部，如图2-31所示。

图2-30　描绘眼部中段

图2-31　画出"眼尾→眼中"线段

（5）画出"眼头→眼中"线段，再反向勾勒线条回来，仍然要画在睫毛根部，如图2-32所示。

（6）加强上扬眼尾，将眼尾加粗一点，角度也上扬一些，如图2-33所示。

图2-32 画出"眼头→眼中"线段

图2-33 加强上扬眼尾

八、涂眼影

对于化彩妆来说，眼部妆容非常重要，然而眼部的化妆技巧恰恰又是技术难度最高的。涂眼影的目的是增强眼部的立体效果并增加眼睛的神采，同时表现化妆的整体风格和韵味。眼睛是心灵的窗户，只要把眼睛画漂亮了，整个面部就会生动许多。

涂眼影的具体方法如下。

首先使用白色系眼影作为底色打底，然后再在上面涂上自己喜欢的颜色。打上白色或亮色可以使后面使用的颜色轻易显色，看上去比较漂亮，如图2-34所示。

用眼影刷蘸较深颜色的眼影，沿着睫毛边缘，于眼尾往眼头方向重复涂抹晕淡，如图2-35所示。

用眼影刷蘸明亮色系的眼影，以眼头为起点，由睫毛边缘朝眼窝涂抹，然后与眼窝及近眼尾处的眼影相互重叠，使眼妆层次感更强，如图2-36所示。单眼皮的人使用明亮的颜色容易让人看起来眼睛比较肿，一般使用一种颜色的眼影比较好，建议使用咖啡色等暗色。

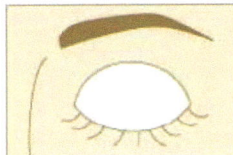

图2-34 打白底

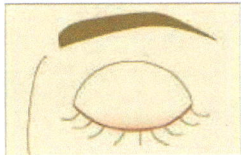

图2-35 蘸较深颜色的眼影

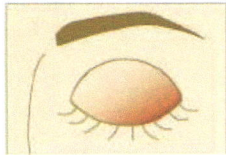

图2-36 涂抹明亮色系的眼影

最后用使用过的眼影刷（不需再蘸眼影），直接抹在下眼睑近眼尾的四分之一、距眼头四分之三处，可用眼影刷涂抹少量亮色眼影。

九、描眉毛

眉毛是面部非常突出的部位，颜色较浓。眉毛的形状、宽窄、长短、疏密、曲直等的不同往往会给人不同的个性印象。眉毛在脸型中是横向的线条，因此在化妆时，可利用眉毛的形状和色调来调整脸型，增加表现力，以突出造型的个性特征。眉毛的造型应当衬托与协调整个妆面，而不能孤立地出现，使妆面显得突兀，破坏妆面的整体感，眉型应据个人的脸型而定，常见眉毛形状如图2-37所示。

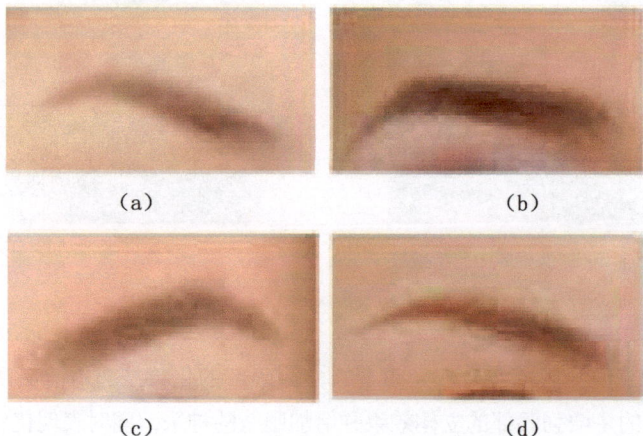

（a）　　　　　　　　　　　（b）

（c）　　　　　　　　　　　（d）

图2-37　常见眉毛形状

眉毛分为眉梢、眉峰、眉腰、眉头，如图2-38所示。

用眉笔画眉毛的时候，要用画羽毛的方式一小笔一小笔地画，每一笔不要比自然的眉毛长。从眉头的部分开始向后画，然后用小刷子或手指把颜色匀开，也可以用海绵头化妆棒蘸上与头发颜色相似的睫毛膏，沿着眉毛的形状上颜色，让眉毛服帖。把滋润乳液、秀发美容液或者滋润唇油梳在眉毛上，那些立起的眉毛就服帖了。不要丢掉用完的旧睫毛膏，把它用肥皂和温水洗干净，可以用来梳理最后修好的眉毛。

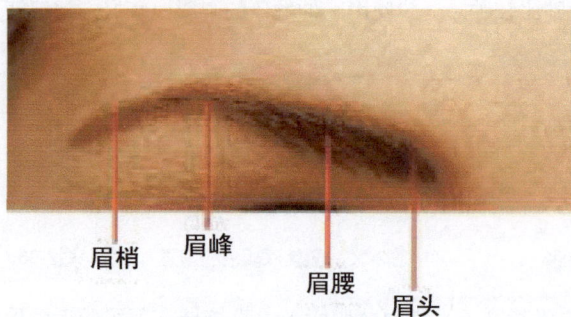

眉梢　　眉峰　　　　眉腰　眉头

图2-38　眉毛结构

描眉时应注意以下事项。

① 避免选用质地太硬的眉笔，尤其是初学画眉者，因为硬眉笔较难控制，若欠缺技巧，一旦颜色画得较实，效果会很不自然。初学者可使用眉粉代替眉笔，这样更容易掌握，效果自然。

② 应选用比头发颜色浅的眉粉或眉笔，整体看上去较舒服、自然。一般而言，褐灰色适合大部分漂染了头发的女士。

③ 使用眉笔时，切记以轻力一笔一笔勾画达到细致的效果。也可先将眉笔扫于眉刷上，再刷到眉上，效果会比较自然。

④ 画完后，可用眉刷（或用干净的睫毛刷代替）轻刷几下，使眉毛更生动自然。

⑤ 最后用眉毛定型液（或透明睫毛液）轻扫一下，使眉毛更整齐。

注意，眉毛颜色最深的部分是眉峰处，最浅的部分是眉头处。

不同脸型适合的眉型不同，具体如下。

圆脸：眉型宜成上扬趋势（如图2-37（a）所示），可适度描画一定的角度和层次，表现力度和骨感，减弱圆润、平板的感觉，也可用略短粗的拱形，不宜选择平短粗眉和弯挑细眉。

长脸：适合平直略带弧度的眉型，也可画平短粗眉（如图2-37（b）所示），不适合弧度过弯、上挑、纤细的眉型。

方脸：眉型宜呈上扬趋势（如图2-37（c）所示），但为了与方下颌呼应，眉峰转折宜棱角分明，不宜选择平直、细短的眉型。

菱形脸：眉型以平直、略长为宜（如图2-37（d）所示），不适合弧度大的眉型。眉毛的重点应放在眉腰处而不是眉峰。

❯❯ 十、上睫毛膏

一对娇媚晶莹的双眸，陪衬上浓密曲翘的长睫毛，可以增加眼睛的神采与面部的美感。因此，睫毛的护理和修饰是非常重要的。睫毛的生长速度相当缓慢，长短不一，而它的浓密度则要视每个人毛囊的多寡而定。女士经常使用轻巧易用的增长睫毛膏来使原来色泽暗淡、稀疏短小的睫毛显得乌黑、纤长。

睫毛膏的选择如下。

① 浓密型睫毛膏，可使眼睛显得更为饱满、深邃。

② 卷翘型睫毛膏，创造芭比娃娃般的梦幻大眼。

③ 纤长型睫毛膏，轻轻眨眼，增添出几许灵动俏皮的味道，让微笑的双眸顷刻流露无限风情。

睫毛膏使用方法如下。

（1）使用睫毛夹

睫毛夹能改善亚洲人睫毛的下垂问题，让眼睛看起来更深邃，但是使用时绝不能夸张生硬地拉扯睫毛。漂亮的睫毛不仅只是根部卷翘，而是从睫毛根部至睫毛尖，分三段分别用睫毛夹进行卷翘，如图2-39所示。

（2）沿扇形方向涂刷

将睫毛膏置于睫毛根部，左右轻轻移动呈Z字形涂刷。这时要注意，不仅是单纯地由下向上，而是要沿着从眼角向眼尾的大区域内的沿扇形方向进行涂刷，如图2-40所示。

图2-39　使用睫毛夹

图2-40　刷出扇形

（3）仔细涂抹下睫毛

涂下睫毛和涂眼角处的睫毛方法类似，主要使用睫毛刷的前端（见图2-41）。涂刷时刷头不要太靠近睫毛根部，以避免膏体沾染到皮肤上，还要避免睫毛间互相黏到一起。睫毛梳和棉签能帮忙清除多余的膏体。

（4）竖着拿睫毛膏

如果想让睫毛更加浓密、卷翘，可以竖拿睫毛膏（见图2-42），将毛刷前端对准睫毛根部，这样就可以让存在于毛刷里侧的睫毛液，都涂刷在睫毛上了。

图2-41　仔细涂抹下睫毛

图2-42　睫毛膏涂抹睫毛

》》十一、上腮红

腮红的作用是调整肤色，使肤色红润，给人以健康向上的感觉。所以腮红的颜色很重要，腮红主色可分为橘色系和粉红色系两种。橘色系属于自然红色调，可加强皮肤的自然气色，比较适合肤色较深的人使用；而粉红色系则强调皮肤的红润感与透明度，适合肤色白皙的人使用。除了颜色外，腮红的质地也不可忽视，腮红的质地除了传统的粉状外，还有膏状、乳液状。粉状腮红是生活中比较常见的，而新推出的乳状、膏状腮红也都是很好用的，它们的优点是能很自然地与肌肤贴合，看不出有上过腮红的强烈感觉，就好像自己皮肤里面透出来的红晕一样。

①粉状腮红：只要以刷子轻轻蘸取，再刷在颊上即可，适合一般肤质及油性肤质。

②膏状腮红：用手指或海绵蘸染涂抹即可，膏状腮红比粉状腮红更适合干性肤质及浓妆时使用。

③乳状腮红：用手指均匀涂抹或以海绵推匀，同样适合干性肤质及浓妆使用。

不要以为腮红的涂画只是用刷子轻轻一扫就可以的。腮红在整个化妆效果中起着非常重要的作用，画好了是点睛之笔，画不好就会有画蛇添足之嫌，所以，画腮红也要讲究一定的方法和技巧。

画腮红的正确方法如下。

①使用大毛刷蘸取少量腮红后，用刷子的侧面扫过脸颊，如果将刷子垂直接触脸部，可能会使妆偏浓或不匀。

②为了使脸部更立体，必须使颧骨更加明显，可以从嘴角至耳朵中间画出一条假想线，但是一定要充分晕染开。

③正规的腮红可沿着这条假想线刷涂，不要超过由眼角向下所延伸的垂直线。

④粉状腮红要用较大的腮红刷或粉扑，蘸上少许腮红，在颧骨最高处和嘴角上扬的颊部上方，来回刷几次（可以先微笑，找到颊上凸起的部分），渐渐加重颜色，直到满意为止，注意两边腮红的对称性。

⑤膏状腮红可先用手蘸取少许，涂抹于两颊上，再用指腹以画圆的方式轻缓地晕开，然后用蜜粉或同色系的粉状腮红修饰，完妆后效果会更自然（初学者不建议用腮红膏或液，因为比较难涂对称，不好晕染均匀，位置也不太好掌握）。

⑥同时使用两种不同颜色的腮红，可以混合在一起使用，也可以先用稍浅色腮红涂抹颧骨最高处，然后再用稍深色腮红修饰边缘，使脸型更加立体，但需注意，过渡要均匀自然。

⑦腮红太浓时，可以用化妆棉擦掉一些，或用蜜粉刷蘸上蜜粉，刷于腮红过浓处。

总之，腮红的位置应涂在颧骨突出的部位，如果把握不准的话就对着镜子微笑，颧骨最高部分就是涂腮红的位置。具体线条方向应根据脸型而定。用腮红调整脸型的方法如下。

（1）圆形腮红

这是最常见、也最简单的腮红画法，只要对着镜子微笑，在两颊凸起的笑肌位置，以画圆的方式刷上腮红即可。色彩选择娇嫩的粉红或温暖的蜜桃、粉橘皆可。这款腮红的妆效比较甜美、可爱。

（2）扇形腮红

这款腮红的面积较大，不仅能修饰脸型，也能烘托出好气色。腮红的位置是太阳穴、笑肌、耳朵下方三者构成的扇形。注意刷腮红时的方向，要从颊侧往两颊中央上色，才能让最深的腮红颜色落在颊侧的位置，达到修饰脸型的目的。

（3）斜长腮红

从颧骨下方往太阳穴位置上色，腮红的颜色挑选紫红或玫瑰色会更迷人。如果脸型瘦长的人想让脸蛋看起来丰润一点，也可运用这款腮红的涂刷技巧，并将腮红的范围加大，延伸到耳际，并使用粉红或蜜桃色。

（4）综合式腮红

结合扇形腮红和斜长腮红的双重画法。先在两颊刷上深色的扇形腮红，再于扇形的上方重叠浅色的斜长腮红，可修饰圆脸，同时达到增添气色的美肌效果。

（5）颊侧腮红

如果觉得脸型太圆润，不妨试试以颊侧腮红画法来修饰，可让脸蛋看起来瘦长些。颊侧腮红的涂刷技巧是选择较深色的腮红，如砖红色、深褐色，刷在脸颊的外围，也就是耳际到颊骨的位置，范围可略微向内延伸到颧骨的下方，这样会让脸型看起来更立体。

涂腮红的注意事项如下。

（1）不要涂得太高

不要以为画高腮红的位置就会缩短脸的长度，相反，和眼睛连在一起的腮红，不但没有让脸部看起来健康或立体，反而破坏了眼睛的魅力。当然，这样的腮红会有特别的效果，有京剧味道，可以令人看上去很精神。有时候少涂些腮红在鬓角，效果也不错。

（2）不要涂得太低

腮红刷低了，整个脸会有下垂的感觉。

（3）不要使用颜色太深的腮红

适当用蜜粉扫在过浓的腮红上会使腮红颜色减淡一些，但如果一开始就选错了颜色，怎么高超的化妆技巧都无力回天，过深的颜色会让脸看上去脏脏的。

（4）不要涂抹面积太大

腮红刷大都比较粗大，随便一画就会画上很大的面积了。如果画成红红的一片，既不像晒伤妆的前卫，也不像娃娃妆的甜美。所以，画腮红切忌大面积平铺，而应该从一个中心散开。

▶▶ 十二、涂抹唇膏

唇膏特别是口红色彩饱和度高，颜色遮盖力强，而且由于是固体，一般不容易由于唇纹过深而外溢，常可用它来修饰唇形、唇色。由于年龄的增长、环境气候的不利因素等影响，加上嘴唇表皮过于纤薄、本身又不分泌油脂、缺乏黑色素，以及一些人为的不良习惯，嘴唇十分需要呵护和保养，涂抹唇膏也是很好的选择。

唇膏正确使用方法如下。

①唇膏应个人专用，不宜与他人合用或外借他人的唇膏，以免通过皮肤和唾液等途径感染疾病，过了保质期的唇膏也不要使用。

②化妆宜淡不宜浓，临睡前必须彻底卸妆，清洗干净，经常地、大量地使用唇膏会给健康带来危害。

③唇膏中的油及蜡质都具有较强的吸附性，能将空气中的尘埃、病毒、细菌等有害物质吸附在口唇黏膜上，在人不经意时会随食物进入体内，所以进餐前应先把唇膏拭净。

④唇线笔是使用唇膏的良好伴侣，用唇线笔先描出唇线，对于唇形不整齐的人，是一种很好的修饰，还可以防止唇膏晕开。

⑤使用唇膏前，洗净面部后先画唇线，确定上唇的唇峰和下唇的底线。若是唇部与唇周肌肤的分界不太明显，可以稍稍向外描出轮廓；如果唇部颜色本来就不太均匀，可事先抹一点粉底遮盖，然后使用唇膏，涂抹一定要均匀，最后用唇刷均匀擦拭。

⑥如果想让双唇呈现粉质的柔光色彩，不妨在涂唇膏之后再打上一点蜜粉，嘴唇上下抿一下，双唇便能呈现出柔和的质感。

⑦养成用棉花棒涂口红的习惯，不要让嘴唇直接接触唇膏，这样既不卫生，又容易使唇膏很快变质。

⑧孕妇爱美有理，但不宜涂唇膏。妊娠期，身体内脏器官发生了比较大的生理变化，内分泌也随着发生改变，机体对一些化学成分很容易敏感，原本一些不容易过敏的物质也会产生过敏；另外，唇膏容易掩盖唇的真实色泽，不利于疾病的早期发现和治疗。

总之，涂抹唇膏主要是用来修饰唇部轮廓的。涂抹唇膏前先画唇线，用与唇膏颜色相同或相近的唇线笔描绘出所需的唇形，然后用唇刷将唇膏涂抹均匀。唇膏的颜色应与眼影、腮红相协调。涂抹唇膏时，嘴角应涂重些。唇中央部位可点上浅色的高光，以增加唇部的立体感。

第四节　认识脸型与化妆

》 一、认识脸型

化妆是对人体面部的修饰，认识脸型是学习化妆的关键。脸型与发型、脸型与化妆相配合产生的美感，是我们进行形象设计的重心。根据美学原理，凡是符合黄金分割律的构造，在视觉上都会让人产生愉悦的感觉。理想的瓜子脸的长与宽比例为4:3，这一比例正好符合黄金分割律。著名雕塑《尼多斯的维纳斯》的面部是公认的魅力样板，其从发际到下颌的长度与两耳之间的宽度之比，也基本符合黄金分割律。

中国传统审美观对人的面部美亦特别重视。中国古代画论中有"三庭五眼"和"四高三低"的说法，说的也是人面部的纵向和横向比例关系。凡按照"三庭五眼"和"四高三低"的比例画出的人物脸型都是和谐的。

日常生活中，常常会看到这样一些人单看五官的任何一部分，都很完美、精致，但五官搭配在一起，却不很协调，让人觉得很遗憾，其原因何在呢？简单地说，就是面部比例不当，不符合"三庭五眼"和"四高三低"的比例的标准。所谓"三庭五眼""四高三低"就是对人的面部比例进行测量的一种简单方法和标准。

（一）三庭五眼

1. 三庭

三庭指脸的长度比例，三庭把脸的长度分为三等分，从前额发际线至眉骨为上庭，从眉骨至鼻的下端为中庭，从鼻底至下巴为下庭，三庭各占脸长的三分之一为宜，如图2-43（a）所示。

2. 五眼

五眼指脸的宽度比例，以眼的长度为单位，把脸的宽度分成五等份，从左侧发际至右侧发际，宽度为5只眼的宽度。两只眼之间有一只眼的宽度，两眼外侧至侧发际各为一只眼的宽度，如图2-43（b）所示。

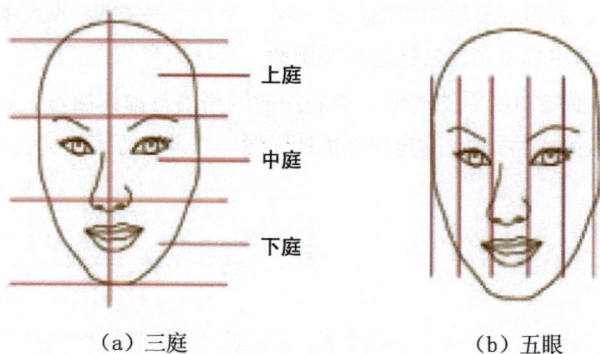

（a）三庭　　　　　　（b）五眼

图2-43　三庭五眼

（二）四高三低

1. 四高

四高第一高是额部，第二高是鼻尖，第三高是唇珠，第四高是下巴尖。

2. 三低

三低即整个脸部共三处凹陷。两个眼睛之间，鼻额交界处应是凹陷的；在唇珠的上方，人中沟的部分是凹陷的，美丽的脸型人中沟都很深，人中脊也很明显；下唇的下方，有一个小小的凹陷，如图2-44所示。

（三）动动手，测脸型

依据以上的原则，先把化妆对象的头发全部梳起来，露出额头。再让其站在镜子面前，观察化妆对象的脸型，看看其属于哪种脸型，各种脸型如图2-45所示。

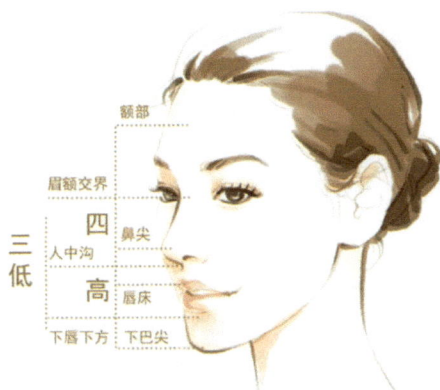

图2-44 四高三低

① 椭圆脸型："鹅蛋脸"，标准脸型。

② 圆脸型：额头宽大，两腮丰满。

③ 方脸型：前额较宽，两腮突出。

④ 长脸型：脸型长而窄，前额发际线较高。

图2-45 各种脸型

⑤ ⑥ ⑦

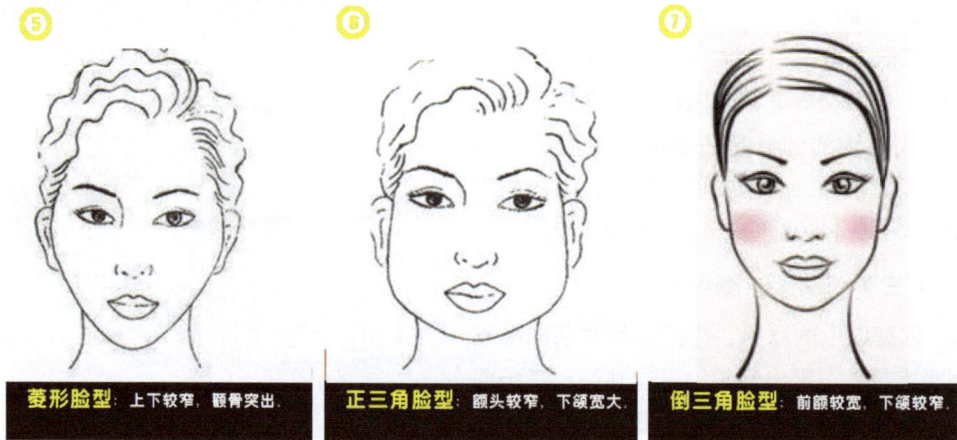

菱形脸型 上下较窄，颧骨突出 ┃ **正三角脸型** 额头较窄，下颌宽大 ┃ **倒三角脸型** 前额较宽，下颌较窄

图2-45　各种脸型（续）

》二、不同脸型的修饰

脸型，顾名思义，就是指面部轮廓的形状。面部轮廓是一个妆面的基础部分，脸型恰到好处的修饰可为完美妆面整体修饰打下良好的基础。

下面介绍一下不同脸型及其修饰方法。

（一）椭圆脸型

椭圆脸型是最均匀、理想的脸型，俗称瓜子脸，如图2-46所示。它的特点是额头与颧骨基本等宽，同时又比下颌稍宽一点，脸宽约是脸长的四分之三。这种脸型唯美、清秀、端正、典雅，是传统审美眼光中的最佳脸型，但有人认为这种脸型显得稍欠个性。所有脸型的修饰都应尽量向它靠近。

椭圆脸型的修饰方法如下。

（1）眉峰要尽可能弯而不锋利。

（2）眼线和睫毛可以尽量突出，使视觉重点集中在面部上半部分。

（3）腮红要丰满甜美，增加甜美的感觉。

（4）唇妆要丰满而适度，下唇上色可以比上唇更深一点。

（5）避免使用深色修容让脸过尖。

（二）圆脸型

接近圆形的脸，我们称之为圆脸型，如图2-47所示。圆脸型的头、颧骨、下颌的宽度基本相同，比较圆润丰满，有点像婴儿一样，显得比较活泼、可爱、健康、但也容易给人幼稚和不可靠的感觉。因此，成年的女性在化妆方面要注意遮掩或淡化过圆的脸，并在穿衣打扮时强调优雅与成熟。

脸型的修饰方法如下（见图2-48）。

图2-46 椭圆脸型　　　　　图2-47 圆脸型

高光色　　暗影色　　腮红

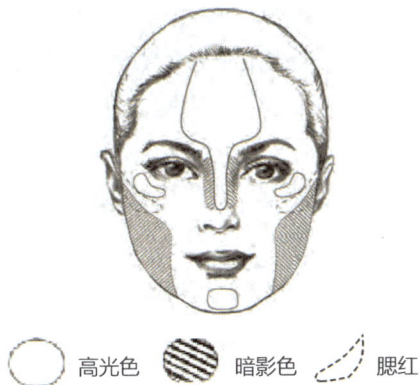

图2-48 圆脸型矫正脸型

（1）眉峰稍带角度。

（2）眼睛如果略微浮肿，眼线可有意加粗平拉。

（3）以深色眼影修饰眼型。

（4）唇峰必带角度，以修饰圆形脸过圆的感觉。

（5）腮红以颊侧斜向的方式晕扫，可加长脸的长度。

（6）从靠近耳际的发线到下巴两侧以暗色修饰，额头和下巴以亮色修饰其过圆的线条，加深轮廓，制造立体成熟的美感。

（三）方脸型

方脸型额头、颧骨、下颌的宽度基本相同，让人感觉脸四四方方的，如图2-49所示。方脸型轮廓分明，流露出庄严、威严的气质，给人意志坚定的印象。但是脸部线条过于硬朗，让人感觉不易接近，对于女性来说显得不够柔和。

脸型的修饰方法如下（见图2-50）。

高光色　　暗影色　　腮红

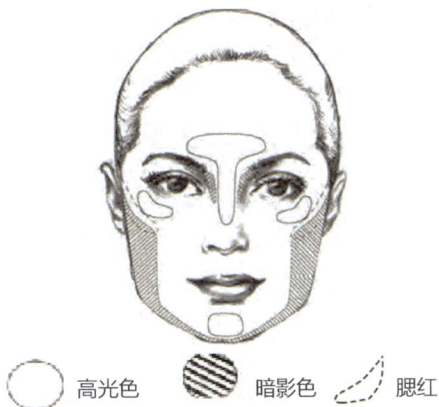

图2-49 方脸型　　　　　　图2-50 方脸型矫正脸型

（1）眉峰不可带有角度，要呈月弧形，使鬓拉长。

（2）如果眼皮是单眼皮，需将眼线加粗，上眼线平平拉出。

（3）眼影以咖啡色系为宜。

（4）唇不可带角度，以丰满为原则。

（5）腮红应选择狭长腮红以修饰方形脸的缺憾，修饰其角度，达到狭长的效果。

（6）脸型的上额、下颌以及脸的4个角用深色修饰。

（四）长脸型

长脸型（见图2-51），顾名思义就是脸型比较瘦长，额头、颧骨、下颌的宽度基本相同，但脸宽小于脸长的三分之二。脸型较大，五官也较大。长形脸显得理性、深沉而充满智慧，却也容易给人老气、古板的印象。所以在进行装扮时，应适当尽量缓和这种感觉。

脸型的修饰方法如下（见图2-52）。

（1）眉要直，以使脸型看上去短一点。

（2）眼线要上扬，使人感觉较精神。

（3）眼尾眼影要用深色系。

图2-51 长脸型

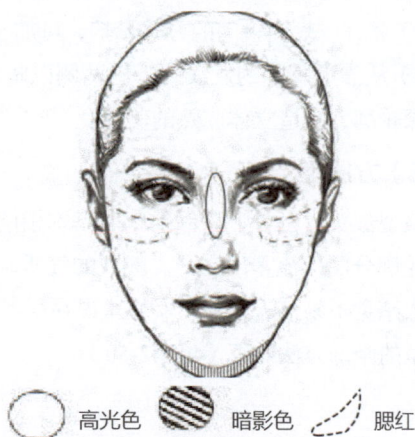

高光色　暗影色　腮红

图2-52 长脸型矫正脸型

（4）唇峰要平，下唇要丰满。

（5）腮红横着刷，可在视觉上缩短脸型。

（6）上额、下巴以深色修饰，两颊以浅色修饰。

（五）菱形脸型

菱形脸型又称"钻石脸"（见图2-53），特点为颧骨是脸型最宽处，额头和下颌都比较窄。因此，脸型显得比较狭长和尖锐，带有比较明显的个性感和不稳定感，但如果修饰得当，则能表现出自己独特的骨感和俏皮的一面，给人留下深刻印象。

脸型的修饰方法如下（见图5-54）。

图2-53 菱形脸型

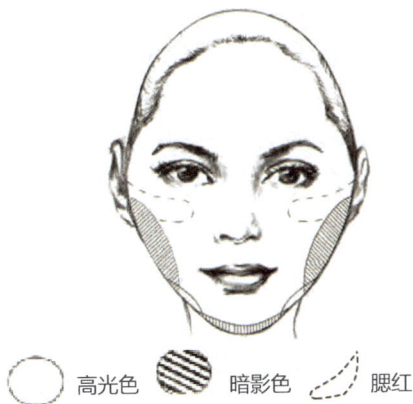

○ 高光色　▨ 暗影色　◠ 腮红

图2-54 菱形脸型矫正脸型

（1）眉要平直，眉尾不可拉太长。

（2）眼线要细长。

（3）眼影适合选择亮色系。

（4）腮红要淡且面积要大。

（5）上唇要平和，下唇要丰满。

（6）尽量少用暗影修饰，脸部结构高低部位的色彩过渡要舒缓。

（六）正三角脸型

正三角脸型（见图2-55）额头比较窄，脸的最宽处是下颌，呈现上小下大的正三角形，是在视觉上最有稳定性的一种脸型。三角形脸能给人亲切、温和、不拘小节的感觉，同时也因脸比较宽而缺少柔美感。

脸型的修饰方法如下（见图2-56）。

图2-55 正三角脸型

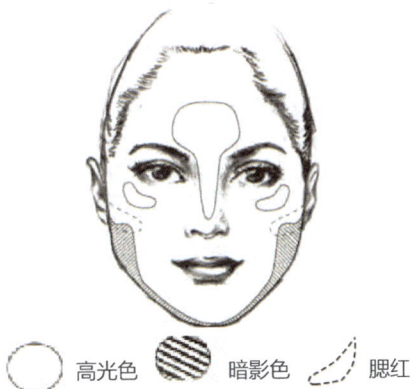

○ 高光色　▨ 暗影色　◠ 腮红

图2-56 正三角脸型矫正脸型

（1）眉毛适合用向两边延伸的一字眉。

（2）眼线眼尾应加粗。

（3）用深色眼影修饰眼尾。

（4）腮红可以斜打在颧骨的位置上。

（5）额头部分以亮色修饰。

（6）采用暗色修饰，调整下巴两侧。

（七）倒三角脸型

倒三角脸型（见图2-57所示）又称"心形脸"，特点是额头最宽，下颌窄而下巴尖，其下颌的线条特别迷人。倒三角形脸散发出妩媚、柔弱、细致的独特气质，但也容易给人留下单薄、刻薄的印象。

脸型的修饰方法如下（见图2-58）。

（1）眉尾与眼尾齐，不可拉得太长。

（2）眼线应根据眼型和眼距来确定，不宜画得过长。

（3）眼影在内眼角适合用深色修饰，外眼角适合用浅色修饰。

（4）腮红应横打。

（5）上唇宜圆润，下唇可呈船形。

（6）额头两侧至耳际位置以暗色修饰，下巴位置亦以明亮色修饰。

图2-57　倒三角脸型

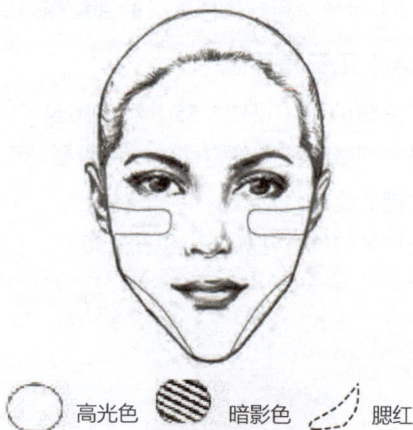

图2-58　倒三角脸型矫正脸型

○ 高光色　　◐ 暗影色　　⌣ 腮红

可见，因为每个人的脸型不同，所以修饰手法也应该根据脸型的实际情况进行修饰，打造出特别的自己。

第三章

发型设计

第一节　发型设计三要素和分类

》》 一、发型设计三要素

发型设计非常重要，它可影响人五官的立体感，让脸部线条显得柔美或刚毅，甚至可以略微改变身体比例，让整体更协调。但这些的前提是必须了解决定发型设计的三要素。

（一）款式

款式是发型设计三要素的第一要素。款式是发型的外在形状，起到主体架构的作用，是发型创造的基础。发型的选择首先就是选款式，只有好的款式才有可能成为适合人们自身的漂亮发型，其他要素往往都是为了突出和衬托款式。款式的种类很多，关键是要适合自己。

（二）纹理

纹理就是人们常说的层次和质感，指发型的表面特征，在发型设计中其被称之为"神"。一般分为光滑、柔顺的静止纹理和粗糙、凌乱的活跃纹理。活跃纹理会使发型的颜色显得更浅。纹理的视觉效果会受颜色和光线的影响，颜色越浅纹理越活跃，光线明亮时纹理效果更明显。同样，纹理也和头发的曲直有关，卷曲头发的纹理比直头发的纹理更富有动感。纹理还会影响款式，活跃的纹理会使款式的轮廓更加柔和，静止的纹理发型轮廓线更清晰、硬朗。

（三）颜色

颜色是创造发型整体视觉效果的主要因素。从人们对物体的感觉程度来看，颜色是最先进入人们的视觉感受系统的。此外，颜色也会以不同的形式和不同的程度影响人们的情绪。因此，颜色可以创造出发型的整体艺术气氛和审美感受。中国人几乎都是黑色头发，黑色头发的发型缺乏立体感。彩色头发可以强化发型的纹理，使光滑、平顺的纹理更显光滑、平顺，使活跃、凌乱的纹理更显活跃、凌乱，同时还可以使发型的款式更加立体。颜色越深的发型轮廓线越清晰，颜色越浅的发型轮廓线越模糊。

二、发型的分类

（一）长直发类发型

长直发类发型是指没有经过电烫，保持原来的自然的直头发，经过修剪和梳理后可形成的各种发型。它适合身材高一些的女性，能突出女性的风度，增加整体美感，深受人们喜爱。

（二）卷发类发型

卷发类发型是指直头发经过电烫后形成的卷曲的头发。优美的卷发能充分展示女性特有的气质，并能遮盖脸部的不足，也可以根据个人需要做束发、辫发、盘发，设计出各种发型。

（三）束发类发型

根据不同的操作方法和造型，束发类发型分为发辫、发髻、扎结等。

第二节　发型与体型及头发的护理与保养

一、发型与体型

发型与体型有着密切的关系，发型处理得好，对体型能起到修饰的作用，反之就会夸大形体缺点，破坏人的整体美。不同体型适合的发型如下。

（一）高瘦型

高瘦体型的人容易给人细长、单薄、头部小的感觉。要弥补这些不足，发型要求生动、饱满，避免将头发梳得紧贴头皮，或将头发搞得过分蓬松，给人以头重脚轻的感觉。一般来说，高瘦身材的人比较适宜留长发、直发，应避免将头发削剪得太短薄，或高盘于头顶。头发长至下巴与锁骨之间较理想，且要使头发显得厚实、有分量。

（二）矮小型

个子矮小的人给人一种小巧玲珑的感觉，在发型选择上要与此特点相适应。发型应以秀气、精致为主，避免粗犷、蓬松，否则会使头部与整个体型的比例失调，给人以产生头重脚轻的感觉。身材矮小者也不适宜留长发，因为长发会显得头大，破坏比例的协调，如留长发，则应在头顶部扎马尾或是梳成发髻，尽可能把重心向上移。烫发时应将花式做得小巧、精致一些。

（三）高大型

高大型体型给人一种力量美，但对女性来说，缺少苗条、纤细的美感。为适当减弱这种高大感，发式上应以大方、简洁为好。一般以直发或大波浪卷发为佳。头发不要太蓬松。总的原则是简洁、明快、线条流畅。

（四）短胖型

短胖型体型显得健康，要利用这一点造成一种有生气的健康美，譬如选择运动式发型。此外，应考虑弥补缺陷，短胖者一般脖子显短，因此不要留披肩长发，尽可能让头发向高度发展，显露脖子以增加身体高度感。头发应避免过于蓬松或宽度过大。

（五）溜肩型

溜肩型体型是现代女性不喜欢的身材，发型设计时要弥补这方面的不足，可在肩颈部周围留出丰盈的发量，溜肩型体型的人不宜留短发。

≫ 二、头发的护理及保养

（一）认识发质

一般说来，人的发质可以分为以下几种。

1. 油性发质

油性发质是指头发油亮发光、直径细小、显得脆弱。虽然皮脂可以保护头发，使其不易断裂，但细发所需的皮脂较少，因此皮脂供过于求，头发常呈油性。头发细，皮脂腺则大，发上皮脂自然也多。中青年皮脂腺功能活跃，更容易出现油性头发的情况。

2. 干性发质

干性发质是指头发皮脂分泌少，没有油腻感，头发表现为粗糙、僵硬、无弹性、暗淡无光、发干，往往比较卷曲，发梢分裂或缠结成团，易断裂、分叉和折断。其产生多为非遗传性原因——头发护理失误引起，如日光久晒、狂风久吹、空气干燥等原因，破坏了头发上的油脂平衡，导致头发水分丧失、干燥受损。

3. 中性发质

中性发质属于最理想的头发类型，是健康、正常的头发，它的皮脂与水分经常保持平衡，密度与质地适中，滋润、光滑，富有弹性，无滞涩感或黏腻感，易保持发型。

4. 混合性发质

混合性发质是指头发干燥而头皮多油，在靠近头皮1~3cm以内的发根多油，越往发梢越干燥的混合状态的头发，或同一部分的头发兼有干燥及油腻的头发，常伴有较多的头皮屑。这种发质较常见于行经年龄的女性。

5. 受损发质

受损发质主要由染、烫不当造成，摸起来有粗糙感，发尾分叉、干焦、松散，不易梳理。

（二）确定发质

区分发质对于头发的护理有较大的实用价值。目前，确定发质的方法有3种，即观察法、头发弹性测试法和综合因素判定法。

1. 观察法

一般在洗头的次日观察头发，见到油光发亮，紧贴头皮，手感黏腻的，则是油性发质；看上去暗淡无光，容易缠结成团，发梢开叉，头发僵硬而无弹性，大多数为干性发质；如头发干燥，而发根多油脂或麟屑脱落，就可以肯定为混合性发质。处于月经期的妇女或青春期的少年也多为混合性发质。

2. 头发弹性测试法

用拇指和食指捏住一根头发，慢慢地拉开，若头发伸展开而不易断，显示头发弹性很大，伸展后还可慢慢缩回。若弹性不良，拉扯时很快伸展，但也容易断裂。中性发质头发长度可伸展25%~30%，油性发质头发可伸展的比例还要高些，而干性发质头发仅能伸展其长度的25%以下。

3. 综合因素判定法

把上述两种方法糅合起来，根据具体情况综合判定，以达到符合判断的目的。

（三）头发的正确保养

头发能出色地表现人们的自我形象，谁都希望自己的头发亮丽动人，为了追求更亮丽动人的头发，人们总是花很多的时间和金钱在洗发、护发上，以显示个人的独特风貌。一般人都相信，拥有一头秀发能很好地展现自己外在的形象美，然而，如果忽视了头发的正确护理、保养，会损伤头发生长的机能，造成头发枯燥变黄、分叉损折，甚至脱落，给人们的精神和生活带来烦恼、恐慌。要想保护好头发，使它乌黑亮丽，只有在了解头发的发质、生长周期、变化规则以及如何正确掌握洗发护发技巧后，适时地应用避免发质受损的方法，才能拥有一头健康、亮丽的秀发。

1. 头发的基本结构

在浅谈如何洗发、护发之前，先要了解头发的组织结构、生长方式及变化规则。头发由含硫的角质蛋白细胞组成，中间由胱胺酸等双硫链连接着，使头发具有弹性及伸缩性。

头发从其横截面来看可分为表皮层、皮质层、髓质层3层。表皮层是由许多细小的鳞片重叠而成，可说是一种保护层，如果发丝上的保护层保护得当，那么头发将显得乌黑亮丽、柔顺动人，如保护不当，用力梳刷、吹发或经常洗发、烫发、染发都会损害头发的表皮层，使头发失去亮泽。另外，头发还应保持适当的酸度，这是头发健康、有光泽的重要因素。碱性物质会使头发膨胀，而过多的酸性物质也会破坏头发。一般头发的pH值为4.5～5.5时，头发最富有弹性和光泽。

2. 正确选择洗发精

保护头发的第一步就是洗发。想维护健康的头发，首先要选择良好的洗发精。洗发精的主要成分是酒精、泡沫剂、头发调整剂，良好的洗发精洗后的秀发舒爽飘逸，较能显示出剪法、款式，且较易做出发型。每个人要依据自己个人的发质来选购洗发精。盲目选购最终可能会使秀发脱落、干枯，甚至分叉、断裂。所以，无论是在理发厅还是自己购买洗发精，都要参考洗发精的pH值而定，中性发质宜选购pH值在7左右的洗发精，干性发质者应选购pH值在4.5～5.5的酸性洗发精。干性发质者选购的洗发精pH值绝对不能超过8，否则会造成毛孔粗大，加速毛发老化。目前，市面上出售的洗发精大都没有标明pH值，我们可以用酸碱测试纸自己动手测试，从试纸显现的颜色来断定其酸碱度。

3. 正确掌握洗发的方法

一般人认为洗发很简单，每个人都会，不需要什么技术。其实不然，我们应该认识到洗发包括洗发和洗头两部分，两者有不同的洗法和作用。

洗头是在发根头皮处通过手指甲进行抓挠揉搓，使头皮上的皮脂、头屑、污垢脱落浮出，随着液沫冲干净，如果只注重洗发不注意洗头，待头发干后，头屑会自行脱落，这样即使头发洗得再干净也达不到效果。

洗发是在洗头的基础上，通过洗发液的泡沫，将浮在头发上的灰尘、污垢及头皮处脱落下来的头屑一起冲洗掉。在洗发时，手要轻，要从发根处顺着头发生长的方向抓挠，洗发时，不要横向用力来回搓揉，这样会磨损头发表面的光泽，洗发尾时更不能用螺旋手法揉搓，这种洗法会使发尾分叉。

洗发绝对不可急速草率了事，大部分发质受损的原因，都是由于为了节省时间而忽略正常的洗发步骤。正确的洗发方法如下。

（1）定期洗发

想要拥有柔顺、光亮、秀美的头发，固定洗发时间很重要，尤其是夏天，汗液排泄旺盛，要勤洗发，如头皮上污垢、头屑积得太多，会使头发的皮脂分泌孔闭塞，新陈代谢受阻，容易产生皮肤病，对头皮的健康生长产生不好的影响。

（2）选用相应的洗发精

头发有干性、中性、油性等不同发质，根据自己的发质选用相应的洗发精是护发、养发的基本方法，通常选用弱碱性植物性洗发精为宜。

（3）用温水冲洗干净

用温水冲洗头发是个相当重要的步骤，它在全面清理头发的死细胞、头皮屑、杂质和油腻的脂肪的过程中，占有举足轻重的地位。如不把头发的泡沫、皮屑冲洗干净，那停留在头发上的碱性物质会对头发造成腐蚀而损伤头发，直接影响头发的光泽和头发的韧性。

4. 正确掌握护发技巧

护发素是常与洗发精配套使用的护发品。生活用水中常含有矿物质，用水冲洗后会使头发暗淡无光，而护发素最主要的作用是在发丝外部形成一层保护膜。护发素所含的各种蛋白质，可渗入且改善受损头发的外层组织，对分叉、断裂等受损的发质更能发挥功效。护发素在发丝上形成保护膜后，还可避免头发的水分过度蒸发。护发素不但会保护头发避免其受风吹、日晒、雨淋等自然因素的侵蚀，也可以防止吹、染、烫等人为因素造成的损伤；护发素可以改善纠结难理的发丝，使之柔顺、方便整理。

虽说护发素的功效多，但每个人要根据自己实际的发质来使用，不能盲目使用。例如，油性头发可以不使用护发素，因为油性发质的头发已分泌了过多的油脂；中性头发如没有烫、染等化学处理也不必经常使用。总之，护发素的功效是因人而异的，换句话说，适合甲的未必就适合乙，应视本身的发质、头发浓密度而定。另外，还要注意两点：如果使用护发素得当，头发便会显得柔顺而且好梳理；若使用不当，如用量过多，头发会显得油腻令人感到不适。下面讲解如何正确使用护发素。

① 洗完头发冲完水后，用双手轻轻将头发中的水挤干，因为发丝毛鳞片的吸收度是有限的，若头发布满水分就无法吸收足量的护发素。

② 涂抹护发素，使用方法与洗发精大致相同，但切忌直接将护发素往头上倒，这样不但无法达到滋润头发的效果，反而会增加头皮的油腻。

③ 头发均匀抹上护发素后，护发素不需在头上停留太久的时间，即可用温水冲洗，冲洗后再用冷水冲一遍，可使头发的毛孔紧缩，防止脱发，且更显发丝的亮泽。

以上所谈的是如何对头发进行正常洗发、护发，只有选用适合自己发质的洗发精、护发素进行洗发、护发，再加上正确的技巧，才能使头发柔顺、亮泽。

亮丽的头发除了科学地洗发、护发外，还应注意饮食。人们日常的饮食主要有奶制品、肉类、米麦类，以及富有纤维的蔬菜。它们是富有人体所需的能量和蛋白质的食物，可以维持人体正常的新陈代谢，还具有美发的效果，应平衡摄入，如果偏食就会造成蛋白质或卡路里不足，导致脱发等毛病。

5. 特殊发质的保养

（1）柔软纤细头发的保养

柔软的头发不但纤细，而且无弹性，不易蓬松，发型也不容易持久。此外，如不经常加以修饰，头发会变干、发红、易受损。为预防上述现象，必须经常用护发产品，以防止外来刺激损伤头发。平时，可擦些化妆水来防止头发干燥，避免梳发时产生静电摩擦。吹风时要控制好吹风机的温度。在梳理发型时，向头发上喷洒一些使头发蓬松的产品，可使头发富有弹性和强度，能使发型持久。烫发时，发根处不要卷得太紧，发型要做得蓬松、自然。

（2）粗硬头发的保养

粗硬的头发比柔软纤细的头发健康，但缺乏柔性，难以修饰。粗硬的头发在吹风成型时要不断地喷洒营养水，平时最好经常擦些定型产品以保持美丽的发型。

（3）易断易分叉头发的保养

要保护好头发，首先要防止外部刺激，应在头发表面涂一层薄薄的保护膜，这样可以起到保护头发的作用。给头发涂保护膜，必须在洗发后进行。洗发时不要将头发揉搓在一起，以免损伤。经常修剪也可避免头发分叉。用梳子梳时，不要马上从头发根部开始梳，应先将发梢散乱的部分梳开后，再从头发根部开始梳；梳拢或吹风时，使用些营养水可以保护头发。

第三节　脸型与发型

"脸"是左右人们对一个人印象的关键，人们第一次见面时，最先看的是哪里呢？大部分的人都是先看对方的"脸"。在形象设计中，"发型"占据了很重要的地位，再棒的发型设计，如果不适合"脸型"，就徒劳无功了。可见，不同脸型的人适合的发型也有所不同，设计的原则就是要扬长避短，以椭圆脸型为修饰标准。因此，要找到合适的发型，首先必须了解自己的脸型，才能利用发型的线条修饰脸型。

一、椭圆脸型

所有脸型搭配发型的最基本原则就是为了达到椭圆脸型的视觉效果，所以椭圆脸型的人可以尝试大多数发型，如从柔顺的长直发到充满活力的波浪卷，略带层次感的直发可塑造出全新的视觉效果，从头发中部开始的大波浪卷发还可以让脸部轮廓显得更加清晰。

二、圆脸型

圆脸型的发型的整理重点是两侧头发线条要往前，头顶要创造蓬松感，侧边的头发线条可以往前，这样脸看起来不至于太圆。为了使脸型看起来修长一些，刘海可旁分或中分。例如，将头发束起，两边的头发向上拉，让头发的线条往上，这样才能在视觉上把圆脸型拉长变成椭圆脸型。

三、方脸型

方脸型的发型的整理重点是加强头顶蓬松度，让脸部线条更柔和，以拉长脸型的比例。刘海宜采用侧分，分线从一边眉毛的中间往上斜分，如果是明显从中间分线，看起来就像把一个正方形剖成两个长方形，不能改善方脸型的缺点。剪发时，建议从颧骨的位置开始分层次剪，如采用松而不厚的卷发，避免太直的直发。

》》 四、长脸型

长脸型的发型的整理重点是下半部的头发要尽量增加蓬松度，头顶要服帖。如果头顶蓬蓬的，会拉长脸部的视觉比例。剪任何发型都不能太短，层次也不要打太高，以免让脸上半部的头发变蓬，使脸看起来更长；可以剪娃娃刘海，或者用娃娃刘海的发片来修饰脸部的长度比例。另外，长脸型的人通常都比较瘦，所以可以用丰厚的卷发造型来修饰脸瘦的问题。但卷度要在下巴以下的位置，且头发要内卷不要外卷。因为向外的卷度容易让瘦的人看起来更老气。

》》 五、菱形脸型

菱形脸型的发型整理重点是下半部的头发要尽量增加蓬松度。留长发或高层次的发型、刘海能修饰棱角分明的脸型；留低层次的发型，则不一定要留刘海。菱形脸型的人下巴通常比较尖，所以下巴两侧位置要有头发，才能达到修饰的效果。另外，建议留斜长的刘海，以修饰颧骨，注意颧骨两侧的头发也不能太厚和蓬松。

》》 六、正三角脸型

正三角脸型的发型的整理重点是两侧发量要蓬松并要留侧分刘海。头发长度要超过下巴，如烫成大波浪，发梢要柔软地附在脸腮。一定要避免突显下颌轮廓宽度的发型，如短发或发尾卷曲的发型。

》》 七、倒三角脸型

倒三角脸型的发型的整理重点是两侧保留蓬松度来修饰脸型。脸两侧不需要打薄，反倒需要创造蓬松度来掩饰较为恰当。另外，头顶尽量不要太蓬，否则脸会更加呈现倒三角的形状。

》》 八、特殊脸型

（一）头太窄

修饰重点是刘海需侧分。可以用刘海遮盖头型，掩饰头太窄的缺点。

（二）额头过高

修饰重点是用厚厚的刘海遮盖过高的额头，不管是旁分还是侧分，刘海一定要有厚度才能完美遮掩。

（三）下巴短

修饰的重点是刘海侧分，脸下半部的头发要少。额头的部分可以留刘海巧妙遮盖，但遮盖的部分不用太多。同时，刘海侧分露出一些额头，以修饰下巴较短的脸型。

（四）鼻子大

修饰重点是不要留中分头发。因为中分后，中分线会正对着鼻子，使鼻子在视觉上更明显。

第四节　发型改造及图片欣赏

》 一、发型改造

（一）中长发改造

图3-1所示的中长发发型显得有点单调，而且这款发型的侧面效果会让人显得脸肥，背面效果也很臃肿。

这款发型改造后的造型（见图3-2）甜美感很强，且很有新鲜感，侧面效果也很美很清爽，背面效果也很新鲜、很迷人。

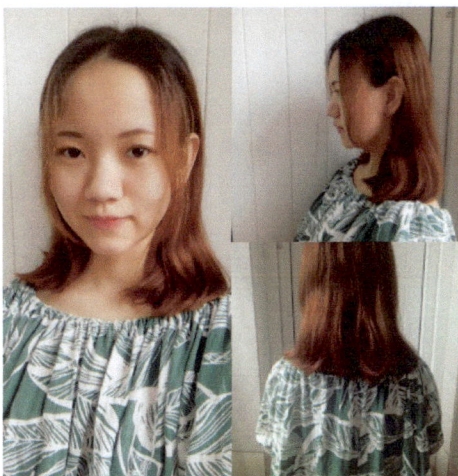

图3-1　中长发改造前

图3-2　中长发改造后

（二）中分长卷发改造

中分长卷发是经典流行的发型，但是看久了略显笨重，不仅不清爽，还有些老气、无奇，侧面的臃肿感也比较严重，如图3-3所示。

改造后的造型如图3-4所示，编发十分浪漫且迷人，侧面也让人感觉很清爽，有干净利落的感觉。

图3-3 中分长卷发改造前

图3-4 中分长卷发改造后

（三）漂亮束发的简单方法

1. 第一种束发（见图3-5）

（1）沿着耳际将头发分成前后两个部分，让前面的头发自然地顺着脸颊散落下来，包围住脸蛋（见图3-6），并挑出一点点头发梳在耳后根（见图3-7），这样不仅可以巧妙地改变形象，还可以显脸小。

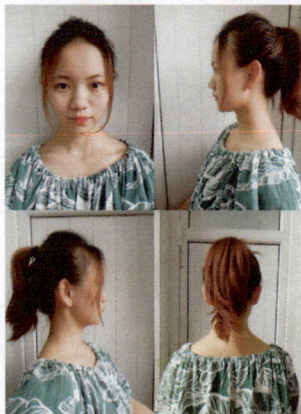

图3-5 效果显示

图3-6 包围住脸蛋

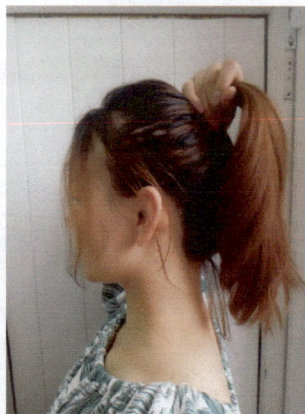

图3-7 梳在耳后根

（2）将顶部头发取出一些，如图3-8所示，然后扎成一个马尾辫，从侧面看，下巴、耳际和马尾辫是成一条直线的。

（3）将顶部留出的头发用发夹夹在马尾辫的头发根部，如图3-9所示，并使之蓬松。如果怎么弄头发都蓬松不起来，可以事先用梳子逆梳头发1～2次。

2. 第二种束发（见图3-10）

（1）用梳柄画圆挑出头发，然后用逆梳的方式将头发梳蓬，如图3-11所示。

图3-8　顶部头发取出一些

图3-9　马尾辫的发根部

图3-10　效果显示

（2）喷上啫喱水以保持头发顶部的蓬松状态，注意要从头发的内侧喷进去而不是喷在表面，如图3-12所示。

图3-11　梳蓬

图3-12　喷上啫喱水

（3）将后面的头发往右下方梳，然后用一个漂亮的橡皮筋绑住，如图3-13所示。

（4）最后抹上一点发蜡，然后将刘海以6：4的比例分开，梳在两旁，如图3-14所示。

图3-13　用橡皮筋绑住头发

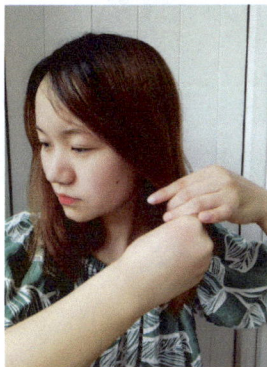

图3-14　最终发型

3. 第三种束发（见图3-15）

（1）将头发全部高高扎在头顶，如图3-16所示。

（2）抓住马尾辫的发尾，然后用另一只手从中间逆梳头发，如图3-17所示。

图3-15　发型展示

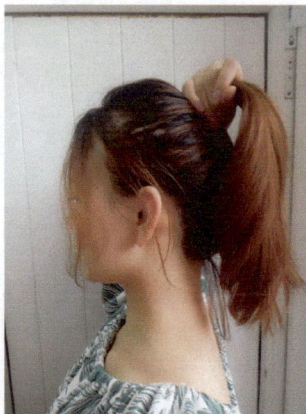

图3-16　将头发扎在头顶

图3-17　蓬松

（3）将头发绕着发根拧绕成一个花苞，如图3-18所示，然后用3～4根发夹夹住发尾，如图3-19所示。

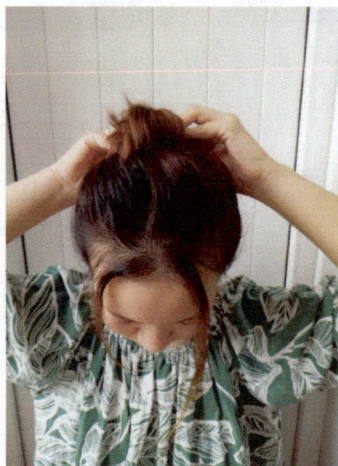

图3-18　绕发根拧绕成一个花苞

图3-19　用根发夹夹住发尾

》》 二、发型欣赏

下面列举一些发型以供欣赏，如图3-20～图3-22所示。

图3-20　发型欣赏（1）

图3-21　发型欣赏（2）

图3-22　发型欣赏（3）

第四章

色彩搭配的魅力

第一节　服饰色彩搭配的基础理念及原则

　　色彩是通过眼、脑和我们的生活经验所产生的一种对光的视觉效应。穿错了衣服颜色，用错了眼影、腮红……整个人就会变得不协调，这都是色彩在作怪。因此，我们要找到色彩合适的妆容或服饰，使自己看起来光彩照人、神采奕奕。

　　一般浅色调和艳丽色彩有前进感和扩张感，深色调和灰暗的色彩有后退感和收缩感。恰到好处地运用色彩原理，不仅可以修正、掩饰身材的不足，而且还可以突出个人优点，如对于上轻下重的体型，可选用深色轻软的面料做成裙或裤，以此来削弱下肢的粗壮感；身材高大的丰满女士，在选择外衣时，也适合选择深色的衣服。色彩搭配美观能体现一种浓郁的生活情调。色彩搭配也会直接影响到外界对我们的感觉。因此，要想装扮好自己，首先要了解色彩的基本理念及色彩的基本属性与常识。

➤➤ 一、色彩的基本理念

　　一般色彩可分为无彩色系和有彩色系两大系列。

　　（1）无彩色系：由黑色、白色以及黑白相混形成的各种灰色组成。

　　（2）有彩色系：由赤、橙、黄、绿、青、蓝、紫等色相混合产生出的各种彩色。

➤➤ 二、三原色

　　所谓原色，又称为第一次色，或称基色，即用以调配其他色彩的基本色。三原色分为色光的三原色和颜料的三原色。色光的三原色指红、绿、蓝三色，如图4-1所示。颜料的三原色指红（品红）、黄（柠檬黄）、青（湖蓝）三色。将不同比例的三原色进行组合，可以调配出丰富多彩的色彩。

≫ 三、色彩三要素

色彩三要素包括色相、明度、纯度，如图4-2所示。

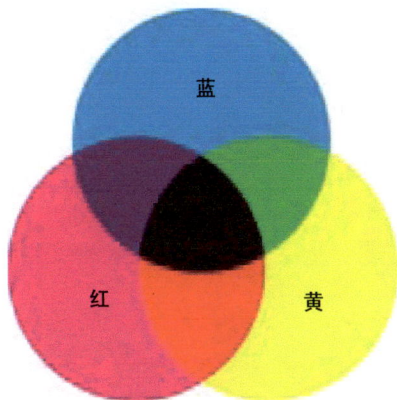

图4-1　三原色

图4-2　色彩

1. 色相（色调）

色相指色彩本身的固有颜色，每个颜色都有一个名称，如红、黄、蓝等。

2. 明度（亮度）

明度指各种色彩由明到暗的变化程度，决定于物体表面对光的反射率。在无彩色系中，最亮的是白色，最暗的是黑色。黑色中加入不同量的白色，便可形成暗灰、中灰、浅灰等不同的灰色。各种彩色也有不同的明度，如绿色加白色或加黑色可成为浅绿、中绿、深绿。越高明度的色彩越亮，如柠檬黄、浅黄、中黄；越低明度的色彩越暗，如墨绿、深蓝、深绿等。

3. 纯度（彩度）

纯度指色彩鲜艳程度。各种颜色的纯色纯度最高。在有彩色系中，同一色相、明度的颜色，可有纯度的差异，在无彩色系中则没有纯度的区别。

≫ 四、冷色、暖色、中性色

根据色彩给人的不同的冷暖感受，把色彩分为冷色、暖色和中性色，如图4-2所示。

（1）冷色：给人清凉或冰冷感觉的色彩。

（2）暖色：给人温暖或火热感觉的色彩。

（3）中性色：也称无彩色，由黑、白、灰组成。

≫ 五、类似色、对比色

根据色相环（见图4-3）上位置的不同，色彩组合一般分5种：邻近色、类似色、中差色、对比色、互补色。在实际的运用中，一般把它分成两大类：类似色和对比色，也就是将色相环中色相距离在60°以内的色彩组合称为类似色，色环中色相距离在120°以上的色彩组合称为对比色。

图4-3 类似色、对比色

常见色彩搭配给人的感觉如下。

（1）同种色搭配：一种色彩的不同明度和纯度的搭配，给人以含蓄、稳重的感觉。

（2）邻近色搭配：在色环上色相距离相邻30°左右的两个色彩组合搭配，给人以柔和、素净的感觉。

（3）类似色搭配：在色环上色相距离相邻60°左右的两个色彩组合搭配，给人以雅致、和谐的感觉。

（4）中差色搭配：在色环上色相距离相邻90°左右的两个色彩组合搭配，给人以明快、活泼的感觉。

（5）对比色搭配：在色环上色相距离相邻120°左右的两个色彩组合搭配，给人以强烈、活泼的感觉。

（6）互补色搭配：在色环上色相距离相邻180°左右的两个色彩组合搭配，给人以强烈、炫目的感觉。

第二节　色彩传达的感觉

掌握好色彩的搭配特性，可以吸引人们视线，传达丰富的感觉。

❱❱ 一、类似色和对比色

类似色的搭配比较擅长制造柔和、秩序、和谐、温馨的感觉。对比色的搭配具有强烈的视觉冲击力，比较容易制造兴奋和刺激的感觉。

▶▶ 二、冷暖色

暖色系会令人产生热情、明亮、活泼、温暖等感觉。冷色系会令人产生安详、沉静、稳重、消极等感觉。

▶▶ 三、明度

明度高的色彩会给人轻松、明快的感觉；明度低的色彩则会令人产生沉稳、稳重的感觉。

▶▶ 四、色彩轻重感

在同样体积的情况下，明度高的给人感觉较轻盈，有膨胀感，明度低的给人感觉较厚重，有收缩感。例如，白色的包给人感觉比黑色的包要大且轻（实际上一样大），如图4-4所示。

图4-4　色彩轻重感对比

▶▶ 五、色彩的前进感和后退感

由于色彩明度的不同，色彩会给人某种"往前"或"往后"的感觉。明度高的色彩有前进感，明度低的色彩有后退感。例如，白色、黄色模特有向前进的感觉，紫色、黑色有向后退的感觉，如图4-5所示。

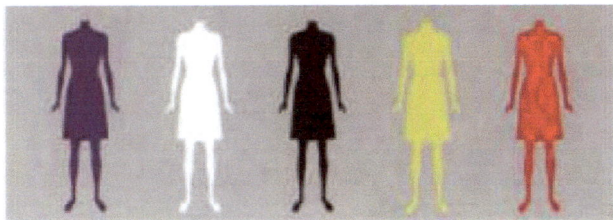

图4-5　色彩的前进感、后退感对比

第三节　色彩搭配

▶▶ 一、强烈色搭配

强烈色搭配（见图4-6）指两个在色相环内相隔较远的颜色相配，如黄色与蓝色，红色与青绿色,这种配色对比比较强烈。因此,在进行服饰色彩搭配时应先衡量一下要突出哪个部分的衣饰,注意不要把沉着色彩如深褐色、深紫色与黑色搭配,这样会呈现"抢色"的后果,令整套服饰没有重点,服装的整体表现也会显得沉重、昏暗。而黑色与黄色是最亮眼的搭配,黑色与红色的搭配也显得非常隆重。

》》二、补色搭配

补色搭配(见图4-7)指两个相对的颜色组合,如红与绿、青与橙、黑与白等,补色搭配能形成鲜明的对比,有时会收到较好的效果。其中,黑白的搭配成了永恒的经典。

》》三、同类色搭配

同类色搭配(见图4-8)指深浅、明暗不同的两种同一类的颜色相配,如青配天蓝、墨绿配浅绿、咖啡配米色、深红配浅红等。同类色配合的优点是显得服装整体柔和、文雅。

》》四、近似色搭配

近似色搭配(见图4-9)指两个比较接近的颜色相配,如红色与橙色或紫红色相配,黄色与草绿色或橙黄色相配等。绿色与嫩黄色搭配,能给人一种春天的感觉,整体非常素雅、文静,一种淑女的味道自然流露出来。

图4-6 强烈色搭配　　　图4-7 补色搭配　　　图4-8 同类色搭配　　　图4-9 近似色搭配

第四节　选对正确的颜色

衣服是需要穿在人身上的,所以需要根据每个人的特殊情况来选择色彩,才可以搭配出完美的造型。我们的自身颜色来源于我们的眼珠色、毛发色等，就像自然界的一切生物都有自己的颜色一样。专业的色彩师将这些颜色划分为"春季""夏季""秋季""冬季"四大类型，如图4-10所示。

图4-10 "春季""夏季""秋季""冬季"四大类型

动动手，测色彩

快速测试你是四季色彩中的哪一种。

1. 观察你皮肤的状况。

A. 有红晕，肤色白皙。　　　　　B. 没有红晕，肤色呈深褐色或青白色。

C. 有红晕，肤色白皙略带黄色。　　D. 没有红晕，肤色白皙略带黄色。

提示：一定要参照未化妆前的皮肤颜色，看皮肤是否有红血丝，如果是，说明皮肤较薄，多为春、夏两季皮肤，反之则为秋、冬两季皮肤。当你紧张或运动时皮肤是否容易出现红晕，如果是，说明皮肤较薄，多为春、夏两季皮肤，反之则为秋、冬两季皮肤。

2. 观察你头发的整体感觉。

A. 灰黑色，发质柔软。　　　　　B. 乌黑发亮，发质偏硬。

C. 棕黄色或棕色。　　　　　　　D. 深棕色。

提示：一定要参照未染发前的颜色，春、夏两季头发相对较细软，秋、冬两季头发相对较粗硬。

3. 观察你眼珠及眼白的颜色。

A. 柔白色眼白，棕色眼球。　　　B. 柔白色眼白，深棕色或黑色眼球。

C. 湛蓝色眼白，棕黄色眼球。　　D. 湖蓝色眼白，棕色眼球。

提示：通常春、秋两季眼白会略带有湖蓝色，夏、冬两季则没有。

4. 观察你眼睛的整体感觉。

A. 温和。   B. 锐利。   C. 明亮。   D. 深沉。

5. 分析你给人的感觉。

A. 恬静、温柔。   B. 干练、自信。

C. 活泼、朝气。   D. 成熟、稳重。

提示：第4、第5两题判别人的整体感觉，这两题都是用来辅助判断你是哪种季型的。通常给人感觉恬静、温柔的眼神让人看上去也会比较温柔、活泼，有朝气的眼神让人看上去也会明亮，成熟、稳重的眼神也会，让人看起来相对深沉，干练、自信的人眼神一定是锐利的。

测试结果如下。

夏季型人

1. 你皮肤的状况：有红晕，肤色白皙。（A）

2. 你头发的整体感觉：灰黑色，发质柔软。（A）

3. 你眼珠及眼白的颜色：柔白色眼白，棕色眼球。（A）

4. 你眼睛的整体感觉：温和。（A）

5. 你给人的感觉：恬静、温柔。（A）

冬季型人

1. 你皮肤的状况：没有红晕，肤色呈深褐色或青白色。（B）

2. 你头发的整体感觉：乌黑发亮，发质偏硬。（B）

3. 你眼珠及眼白的颜色：柔白色眼白，深棕色或黑色眼球。（B）

4. 你眼睛的整体感觉：锐利。（B）

5. 你给人的感觉：干练、自信。（B）

春季型人

1. 你皮肤的状况：有红晕，肤色白皙略带黄色。（C）

2. 你头发的整体感觉：棕黄色或棕色。（C）

3. 你眼珠及眼白的颜色：湛蓝色眼白，棕黄色眼球。（C）

4. 你眼睛的整体感觉：明亮。（C）

5. 你给人的感觉：活泼、朝气。（C）

秋季型人

1. 你皮肤的状况：没有红晕，肤色白皙略带黄色。（D）

2. 你头发的整体感觉：深棕色。（D）

3. 你眼珠及眼白的颜色：湖蓝色眼白，棕色眼球。（D）

4. 你眼睛的整体感觉：深沉。（D）

5. 你给人的感觉：成熟、稳重。（D）

注意：

A选项最多的是夏季型、冷色系的人。这样的人适合鲜红、海蓝、草绿等。

B选项最多的是冬季型、冷色系的人。这样的人适合大红、鲜蓝、大绿、黑白等。

C选项最多的是春季型、暖色系的人。这样的人适合粉红、天蓝、浅绿等。

D选项最多的是秋季型、暖色系的人。这样的人适合中红、靛蓝、海绿、金色等。

一、春季型（见图4-11）

肤色特征：细腻而有透明感，呈浅象牙色、暖米色。

眼睛特征：眼珠为亮茶色、黄玉色，眼白感觉有湖蓝色，像玻璃球一样奕奕闪光。

发色特征：明亮的茶色，柔和的棕黄色、栗色，发质柔软。

春天的最佳用色：色彩群中所有明亮、鲜艳的颜色都适合春季型人在春天使用，如浅杏、桃粉色、淡黄绿、奶黄色、亮黄绿等，它们正是大自然万物吐绿的最直接写照。

夏天的最佳用色：春季型人在夏天适合选择春季色彩群中最浅淡的象牙色、浅暖灰、桃粉色、浅绿松石蓝、金橘色等。

秋天的最佳用色：浅驼色、棕金色、橙色、暖玫瑰色、宝石绿、绿松石蓝等比较适合春季型人在秋天穿用，但要注意选择的金棕色不要太深。

冬天的最佳用色：浅绿色、金棕色、中暖灰、中蓝色、皇家蓝、橘红色、亮紫罗兰色等，都是春季型人冬天外套、大衣的首选颜色。

图4-11　春季型人　最佳化妆服饰色彩搭配

二、夏季型（见图4-12）

肤色特征：粉白、乳白色皮肤，带蓝调的褐色皮肤及小麦色皮肤。

眼睛特征：眼珠呈焦茶色、深棕色，目光柔和，给人感觉很温柔。

发色特征：轻柔的黑色、灰黑色或柔和的棕色、深棕色。

春天的最佳用色：夏季型人在春天可多使用淡粉色、柔薰衣草紫、清水绿、淡绿松石蓝等颜色。

夏天的最佳用色：夏季型色彩群中的乳白色、淡蓝色、淡粉色、浅葡萄紫、薰衣草紫色都是夏季型人衬衫、吊带背心和太阳裙的常见用色。

秋天的最佳用色：灰蓝色、深玫瑰粉、浅葡萄紫、牡丹紫较适合，灰蓝色可以与牡丹紫搭配，也可以与其他浅淡、鲜艳的颜色搭配。

冬天的最佳用色：深灰蓝、深紫蓝色、覆盆子红、洋李紫适合夏季型人在冬天使用。

图4-12　夏季型人　最佳化妆服饰色彩搭配

三、秋季型（见图4-13）

肤色特征：瓷器般的象牙色肤色，或深橘色、暗驼色、黄橙色肤色。

眼睛特征：眼珠呈焦茶色、深棕色，眼白为象牙色或略带绿的白色。

发色特征：褐色、棕色、铜色或巧克力色。

春天的最佳用色：选用驼色、金黄色、橙红色、深桃色、绿松石色等明亮的颜色为最佳。

夏天的最佳用色：秋季型色彩群中的颜色偏浓郁，所以在选择夏装时应挑选色彩群中浅淡、轻柔一些的暖米色、牛皮黄、浅杏色、柔长春花蓝、绿玉色、麝香葡萄绿等。

秋天的最佳用色：秋季型人在秋天可以说是"回归大自然"的最好体现，秋季色彩群中所有的颜色都可在秋天使用，以具有成熟、华贵感的浓郁色调为最佳选择。

冬天的最佳用色：冬天可选择色彩群中较深沉的棕色、褐红色、森林绿、青铜色等，但最好配深金橙色、芥末黄等颜色做点缀。

图4-13　秋季型人　最佳化妆服饰色彩搭配

》》四、冬季型（见图4-14）

肤色特征：青白色或略暗的橄榄色，或带青色的黄褐色肤色。

眼睛特征：眼睛黑白分明，目光锐利，眼珠为深黑色、焦茶色。

发色特征：乌黑发亮呈黑褐色、银灰色、深酒红色。

春天的最佳用色：选择冬季型色彩群中的浅灰色、皇家蓝、柠檬黄、热绿石蓝等搭配。

夏天的最佳用色：可选择冬季型色彩群中的纯白，以及所有的冰色系列，如浅绿、玫瑰粉等。

秋天的最佳用色：可以选择冬季型色彩群中的蓝色系列、红色系列、绿色系列里纯度中度的颜色，颜色之间可运用对比搭配。

冬天的最佳用色：冬季型人是冬天冰天雪地里夺目的色彩，她们可以得天独厚地在冬天使用最纯正、最饱和、最深、最艳的颜色，可运用强对比色烘托冬季型人的个性。

图4-14　冬季型人　最佳化妆服饰色彩搭配

》》五、用色总结

因为肤色有上文所说的四季之分，也有偏白、偏黄、偏黑等的不同（见图4-15），因此，专业人士的方法是拿着大大小小很多颜色的布块来进行测试。简单的方法是从已有的衣服中，一件件试穿给身边的人看，研究适合自己的颜色，找出最能表现自我的色彩组合。如果衣橱里没有那么多色彩缤纷的衣服也可以去商场多试穿。

下面是对偏白、偏黄、偏黑肌肤的用色总结。

① 偏白肌肤适合色：原则上，偏白的肤色在先天条件上占据优势，因此在颜色选择上，范围较广，除纯色如黑、白、红、黄、蓝等都适合之外，淡粉色系可以让人看上去粉粉嫩嫩，深色系则会突出肤色的白皙，唯一要注意的是，不要化过于浓艳的妆，特别不要擦太艳丽的唇膏。

② 偏黄肌肤适合色：偏黄的肤色在选择芥末色、浅褐色等浊色系时要很小心，还要注意身上的颜色不要太多，否则容易让脸色看起来不干净。

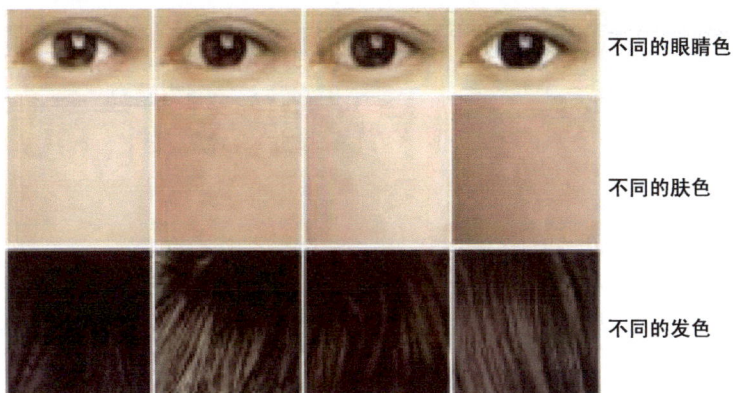

不同的眼睛色

不同的肤色

不同的发色

图4-15　肤色区别

③ 偏黑肌肤适合色：偏黑的肤色则尽量避免选择深蓝、炭灰、深灰、暗红、红棕等色，这些色彩会使人看上去会没有生气。

选择适合自己的颜色时，应该先将其贴近自己的脸庞对比，会让脸色看起来更好的颜色，才是适合的颜色。如果在挑衣服的时候，总是以自己喜好的颜色为主，或以颜色本身所代表的感觉，如红色代表热情、黑色代表神秘等为标准，容易把不适合的颜色穿在身上而不自知。重新审视哪些颜色能真正为自己增加光彩，才会让自己变得更加"出色"。

第五章

服饰形象设计及服装搭配

服饰，是一种记忆，更是一种语言，它记录和表达了人们对美的追求。服饰文化源远流长，从古至今，中国的服饰历经了诸多演变，每一次变化背后都是一次历史的变迁，它是民族文化的体现，更是民族精神的象征。

一、原始服饰

原始服饰如图5-1所示（根据出土的骨针、骨锥等制衣工具想象复原）。在纺织技术尚未被发明之前，动物的毛皮是人们服装的主要材料。当时还没有绳、线，而是用动物韧带来缝制衣服的。在山顶洞人的遗址及其他古墓里，曾发掘出大量的装饰物，其中有头饰、颈饰和腕饰等，材料有天然美石、兽齿、鱼骨和贝壳等。

图5-1　原始服饰

》》 二、商周贵族服饰

商周贵族服饰的窄袖织纹衣、蔽膝穿戴如图5-2所示（根据出土玉人服饰复原绘制）。这个时期的织物颜色以暖色为多，尤其以黄、红为主，间有棕色和褐色，但也有蓝、绿等冷色。以朱砂和石黄制成的红、黄两色，比其他颜色更鲜艳，渗透力也较强，所以可经久不变，一直保存至今。经现代科技分析，商周时期的染织往往染绘并用，在织物织好之后，再用画笔添绘。

》》 三、战国妇女服饰

战国妇女的曲裾深衣、曲裾袍服如图5-3所示（参考出土帛画复原绘制）。曲裾深衣与其他服装相比，除上衣下裳相连这一特点之外，还有一个明显的区别，即"续衽钩边"。"衽"就是衣襟。"续衽"就是将衣襟接长。"钩边"形容衣襟的样式。它改变了过去服装多在下摆开衩的裁制方法，将左边衣襟的前后片缝合，并将后片衣襟加长，加长后的衣襟形如三角，穿时绕至背后，再用腰带系扎。

图5-2 商周贵族服饰

图5-3 战国妇女服饰

中国的印花技术发明于战国。而后各朝织物规格和花样更加丰富。

》》 四、秦汉妇女曲裾

秦汉妇女的曲裾深衣（根据西安、徐州等地出土陶俑的服饰复原绘制）及穿曲裾深衣的妇女（根据江苏徐州铜山汉墓出土陶俑复原绘制）如图5-4所示。汉代的曲裾深衣不仅男子可穿，同时也是女服中最为常见的一种服饰，如图5-5所示。这种服装通身紧窄，长可拖地，下摆一般呈喇叭状，行不露足。衣袖有宽窄两式，袖口大多镶边。衣领部分很有特色，通常用交领，领口很低，以便露出里衣。穿几件衣服，每层领子必露于外，可达三层以上，时称"三重衣"。

图5-4　秦汉妇女的曲裾

图5-5　汉代男女服饰

五、魏晋南北朝杂裾垂髾服

魏晋南北朝杂裾垂髾服如图5-6所示。魏晋南北朝时期，传统的深衣制已不被男子采用，但在妇女中却仍有人穿着。这种服装与汉代相比，已有较大的差异。比较典型的是在服装上饰以"纤髾"。所谓"纤"，是指一种固定在衣服下摆部位的饰物。通常以丝织物制成，其特点是上宽下尖、形如三角，并层层相叠。所谓"髾"，指的是从围裳中伸出来的飘带。由于飘带拖得比较长，走起路来，如燕飞舞。到南北朝时，这种服饰又有了变化，去掉了拖地的飘带，而将尖角的"燕尾"加长，使两者合为一体。

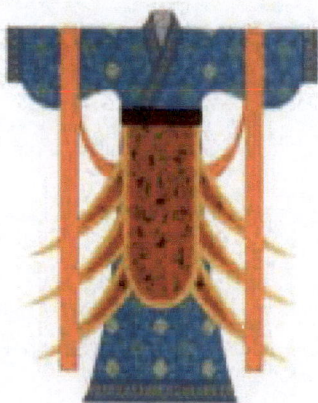

图5-6　魏晋南北朝裾垂髾服

六、唐代官吏常服袍衫

唐代官吏服饰，以幞头袍衫为尚，幞头又称袱头，是在汉魏幅巾的基础上形成的一种首服。唐代以后，人们又在幞头里面增加了一个固定的饰物，名为"巾子"。巾子的形状在各个时期有所不同。除巾子外，幞头的两脚也有许多变化，到了晚唐五代，已由原来的软脚改变成左右各一的硬脚。唐代官吏的主要服饰为圆领窄袖袍衫，其颜色曾有规定：凡三品以上官员一律用紫色；四品为红色；六品、七品为绿色；八品、九品为青色。此外，在袍下施一道横襕，也是当时男子服饰的一大特点。图5-7所示为唐代圆领袍衫展示图及纱罗幞头图。

七、元代男服辫线袄

图5-8所示为辫线袄、四方瓦楞综帽、皮靴展示图。元代男子戴一种用藤篾做的"瓦楞帽"，有方、圆两种样式，顶中装饰有珠宝。辫线袄的样式为圆领、紧袖、下摆宽大、折有密裥，另在腰部缝以辫线制成的宽阔围腰，有的还钉有纽扣，俗称"辫线袄子"，或称"腰线袄子"。辫线袄产生于金代，大规模使用则在元代，最初是身份低卑的侍从和仪卫的服饰，后来穿辫线袄已不限于仪卫，尤其是在元朝后期，侍臣大多穿此服。这种服饰一直沿袭到明代，不仅没有随着大规模的服制变化而被淘汰，反而成了上层官吏的装束，连皇帝、大臣都穿着。

图5-7　唐代官吏服饰

图5-8　元代辫线袄

八、明代襦裙

明代襦裙穿戴如图5-9所示。上襦下裙的服装形式，是唐代妇女的主要服饰，在明代妇女服饰中仍占一定比例。上襦为交领、长袖短衣。裙子的颜色，初尚浅淡，虽有纹饰，但并不明显。至崇祯初年，裙子多为素白，即使有刺绣纹样，也仅在裙幅下边一二寸部位缀以一条花边，作为压脚。裙幅初为六幅，即所谓"裙拖六幅湘江水"；后用八幅，腰间有很多细褶，行动辄如水纹。到了明末，裙子的装饰日益讲究，裙幅也增至十幅，腰间的褶裥越来越密，每褶都有一种颜色，微风吹来，色如月华，故称"月华裙"。腰带上往往挂上一根以丝带编成的"宫绦"，宫绦的具体形象如图5-9所示，一般在中间打几个环结，然后下垂至地，有的还在中间串上一块玉佩，借以压裙幅，使其不至散开影响美观，作用与宋代的玉环绶相似。

九、清代宫廷服饰氅衣

清代宫廷服饰氅衣为清代的妇女服饰，氅衣与衬衣款式大同小异。衬衣为圆领、右衫、捻襟、直身、平袖的长衣。氅衣则左右开衩开至腋下，开衩的顶端必饰有云头，且氅衣的纹样也更加华丽，边饰的镶滚更为讲究。纹样品种繁多，并有各自的含义。大约在咸丰、同治期间，京城贵族妇女衣饰镶滚花边的道数越来越多，有"十八镶"之称。这种装饰风尚一直到20世纪初仍继续流行。图5-10所示为晚清青莲纱绣折枝花蝶大镶边加套袖氅衣。

图5-9　明代襦裙

图5-10　清代氅衣

十、近代妇女袄裙

20世纪初，上衣下裙最为流行，上衣有衫、袄、背心，样式有对襟、琵琶襟、一字襟、大襟、直襟、斜襟等变化，领、袖、襟、摆多有镶滚花边或刺绣纹样，衣摆有方有圆、宽瘦长短的变化也较多。20年代，旗袍开始普及。其样式与清末旗装没有多少差别。但不久，袖口逐渐缩小，滚边也不如从前那样宽阔。至20年代末，因受欧美服装的影响，旗袍的样式也有了明显的改变，如缩短长度、收紧腰身等。到30年代初，旗袍已经盛行。当时的样式变化主要集中在领、袖及长度等方面。先流行高领，领子越高越时髦，即使在盛夏，薄如蝉翼的旗袍也必配上高耸及耳的硬领。渐而又流行低领，领子越低越时髦。袖子的变化也是如此，时而流行长的，长过手腕；时而流行短的，短至露肘。图5-11所示为红底绣银花高领、窄袖长袄。

图5-11　近代妇女长袄

第二节　服饰形象设计作用及观念

服饰是一种文化，它体现着一个人的文化修养和审美情趣，是一个人的身份、气质、内在素质的无言的介绍信。从一个人的穿着打扮，可以看出他的年龄、性别、身份、地位、职业、文化素养、审美品位、对生活的态度以及经济实力等。从某种意义上说，服饰是一门艺术，服饰所能传达的情感与意蕴不是语言所能替代的。在不同场合，穿着得体、适度的人，能给人留下良好的印象，而穿着不当，则会损害自身的形象。在社交场合，得体的服饰是一种礼貌，在一定程度上直接影响着人际关系的和谐。

从古到今，人们始终没有停止对美的追求。完美的人物形象是由多方面组成的，除了前面介绍过的发型、化妆是塑造完美形象的组成部分之外，服饰搭配也是不可缺少的重要部分。无论在哪个时代，人们都在运用丰富多彩的服装、饰品、化妆、发型来装饰自己。随着时代的发展，人们对美的追求越来越倾向于个性化，也就是说人们不再满足于千篇一律的装扮技巧和方法，开始注重自己才是美的主体。可是，时尚的风潮来了又走，让人眼花缭乱，在追求个性的道路上，人们很容易不知不觉陷入找不到自己最佳魅力风格的境地。此时，掌握一些能让人外表靓丽的服饰知识、技巧和方法必不可少。

》一、服饰的作用

（一）美化形象

交往中得体的服饰可以给对方留下良好的第一印象。根据心理学的人际吸引原则，在人际交往过程中，第一印象往往会直接影响日后的交往能否顺利进行。因为人们常以第一次交往的直觉作为判断对方人品、能力的依据，并据此确定是否继续与其交往以及交往的方式、交往的深度。心理学家的实验结果表明，人们对他人的认识和看法，往往只是对他人第一印象的强化或弱化，因此有"公共活动的成败取决于第一次接触"的说法。

人很难改变自己的容貌，但很容易改变自己的着装，得体的着装能给人眼前一亮的感觉。

服饰是一种无声的语言，它传达着一个人的个性、身份、涵养及心理状态等多种信息，正如莎士比亚所说的"服饰往往可以表现人格"。一个人穿什么样的服饰，直接关系到别人对他个人形象的评价。

通过精心选择、合理搭配，我们可以突出自身优点，美化个人形象，赢得大家的喜爱，进而更好、更出色地完成工作。

（二）增强自信

得体的服饰可以增强自信心。学会用服饰装扮自己是改善自我形象、增强自信心，被人接受、受人欢迎的重要手段。信心是力量的源泉。具备了充分的自信心，便能做到彬彬有礼，热情大方，自尊而不自负，坦诚而不鲁莽，谦虚而不拘谨，持重而不圆滑。

（三）辅佐社交

每个人都脱离不了社会群体，与人交往是事业成功的一种手段。建立了良好的人际关系，能获得更多的社会信息，开阔思路、扩大视野，扩大声誉，提高知名度从而更容易获得成功，获得最大利益。

（四）传递信息

服饰是非语言交流的重要媒介，我们常借这种交流媒介不断地传递和吸收信息。服饰可作为一种手段来进行自我保护、自我表现、掩盖缺陷、确认所属的社会集团、显示地位和角色。很多个人属性可通过良好的服饰来表达。这些属性包括性别、年龄、民族、国籍、与异性的关系、社会地位和经济地位、所属集团和从事的职业，以及精神状态、个性、态度、兴趣和价值观念等。

》 二、服饰形象设计的必要观念

成功的服饰搭配人士必备的几个搭配观念如下。

（一）整体观念

服饰是"立体活动"，是"彩色雕塑"，所以不要把上下装分开来打造造型，要从整体上打扮。

（二）肤色观念

要先明确适合自己肤色的色彩。一定要注意所有的服饰是要穿在自己的"肤色"之上的，绝不是配在白墙上或穿在模特架上。

（三）体型观念

体型不佳的人尤其要会运用服饰展现体型的美丽。

（四）配饰观念

配饰与服饰密不可分，买衣服仅是第一步，还要考虑选择配饰来搭配。没有配饰可能会被人认为没有品位。

（五）发型观念

随着美发工具的更新，各种染发剂、定型液、发胶层等为塑造百变发型提供了不同的选择，而发型的式样和风格又将极大地体现出人物的性格及精神面貌。服装设计师的作品，有时要通过特定的发型配合才能展示出来。发型的风格决定着服装配搭。

（六）妆型观念

不同的服装要搭配不同的妆型，如果妆型不合适，会影响服装的表现力。

（七）个性观念

年轻人对于流行服装有着很敏锐的反应力，但往往是靠直觉，如果不会搭配，反而显得没有品位。聪明的人会把流行当"调料"放进当季衣服中，使自己时髦又别具一格。

（八）经济观念

一般质量越好的服装越贵，要注意量力而行。最佳办法是确定购衣价格单，让衣服单价高一些、数量少一些，同时列出配饰的价钱单。

（九）保养观念

保养包括服饰的洗涤、熨烫、收藏和保管。每周提前做衣着计划，将服饰归类存放。在周末了解下周的气候及工作计划，将五天要穿的衣服分别配套放好，使自己每天都轻松地成为新鲜丽人。

第三节　服饰形象设计

》 一、找准自己的"型"

在进行个人服饰形象设计之前，我们必须先学习什么是"型"。能够用肉眼看见的物体，都是有"型"的，如"方形的桌子""衣服图案是圆形的点"等，这些都是关于"型"的。要进行服饰形象设计，首先要学习服饰形象设计的"型"的构成要素。

（一）轮廓

物体的表面是由大量的紧密排列的不同形态的线条组成的，称为轮廓或轮廓线。轮廓分为三种类型，即直线型、曲线型和中间型。

几何学里完全由直线构成外轮廓的立方体属于直线型，完全由曲线构成外轮廓的则属于曲线型。但自然界里物体的"型"是不存在绝对的"直"和绝对的"曲"的，所以这里所讲的"直"与"曲"的概念是相对的。

判断某一物体的"型"时，我们把整体上趋向于直线感的称为直线型，整体上趋向于曲线感的称为曲线型，而难以划分的称为中间型。

在实际应用中，判断某一物体的"直"或"曲"，主要是根据某一物体给我们带来的视觉感受是直线感还是曲线感。一般来说，直线型带给我们的感觉是直接、硬朗、端庄，而曲线型带给我们的感觉则圆润、柔和、优雅。

人的体型从轮廓上也可划分为直线型、曲线型和中间型。

- 曲线型：肩部圆润，胸部丰满，腰与臀部有线条感，有女人味，气质柔软、华丽。
- 直线型：肩部平直，腰与臀线条不分明，骨感，气质潇洒、干练、飘逸。
- 中间型：介于两者之间。

（二）量感

量感是指物体的大小、轻重、粗细、宽窄、薄厚等指标的综合值，它受物体的颜色、材质、体积等因素的影响。这里所说的量感的大小，也是一种相对的概念而不是绝对的。

量感一般分为3类：量感小、量感大和量感适中。

（三）比例

比例是体现均衡与否的一种定量概念，指物体的比例分割问题，一般与量感共同考虑。当比例合适时，可以给我们带来均衡感，相反夸张或特殊的比例则会给我们带来个性、新颖的感觉。在进行服装形象设计时需要关注比例的问题。

（四）色彩

色彩是整个形象设计中最为重要的要素之一，也是人心理特征最直接的外在表示，当然，要注意根据每个人的不同肤色来选择色彩，不要为了追求流行而忘记将色彩与肤色相搭配，如暖米色的肤色就不适合冷紫色系的服饰；黑色头发会使冷色调肤质显得过白。

（五）风格

风格是整体形象个性美的最直接的体现，是一个人的内在修养、气质、思想、文化、与外在长相、身材、神情、动作综合的结果。形象设计也应与个人风格相匹配。

▶▶ 二、服饰的组成要素

（一）服装款式的组成要素

服装的基本要素有领、袖、衣片、裙、裤等。服装款式则要根据构成服装的衣襟领口、袖口及结构线缝合等要素来判别。根据这些部位的直曲度和规则度，服装的剪裁方式可划分为直线剪裁、曲线剪裁和不规则剪裁。

① 直线剪裁：服装的衣襟领口、肩袖、兜袋、裙摆等部位和结构线强调直线感，不加或少加装饰，可略有收腰，整体体现出端正、干练、大方、潇洒的感觉。

② 曲线剪裁：服装的衣襟领口、肩袖、裙摆等部位和结构线强调弧度，明显收腰；领、袖和衣襟多加蕾丝边等做装饰，整体体现出优雅、俏丽的感觉。

③ 不规则剪裁：服装的结构线多强调直线，而衣襟、领口、裙摆等部位的线条则打破常规，呈现不规则形态，整体体现出个性、别致的感觉。

（二）配饰的组成要素

配饰是我们经常使用的。它能够与服装进行协调搭配，并能为服装起到画龙点睛的作用，配饰主要有鞋、包、丝巾、饰品等。

1. 配饰的分类

配饰分为首饰和衣饰两种。首饰主要包括戒指、项链、耳饰（耳环、耳链、耳钉、耳坠等）、手镯、脚链，衣饰主要包括胸饰（如胸花、胸针）、围巾、帽子、墨镜等，如图5-12所示。

图5-12　各种配饰

2. 佩戴配饰的规则

在日常生活中，个体职业、身份、场合、年龄的不同，配饰的选择和佩戴也有所不同，佩戴配饰的规则如下。

① 数量原则。配饰的佩戴以少、精为佳，切忌多多益善。如果同时佩戴多种配饰，在总量上不要超过3种。除耳环、手镯等饰物外，其他事物最好不要超过一件，当然新娘可以例外。

② 色彩和谐。配饰应力求同色，如果同时佩戴两件或两件以上的配饰，应力求使色彩接近或一致，做到得体、大方。如果颜色五彩斑斓，只会给人庸俗的感觉。

③ 质地原则。同时佩戴两种或两种以上的配饰，应尽量要求质地相同。帽子、围巾、手套质地相同；项链、戒指、耳环等质地相同，做到整体上的协调一致。

④ 根据个体特点选择配饰，切勿盲目跟风。配饰作为一种工具，能帮助我们在塑造个人形象的过程中扬长避短，突现个人魅力。例如，如果个体的脖子短而粗，则应选择细而长的项链，而不应选择紧贴脖子的项链；如果个体头部比例相对较大，则不应选择大的帽子；个子较矮的人不应围长围巾；圆脸型适宜戴长款耳环或V形项链；中年妇女应选择款式典雅大方的首饰，彰显其成熟魅力；而年龄较小的人选择饰品时，在颜色和款式上均有较大的自由度。

⑤ 配饰的选择应与所处的环境条件相协调。较为庄重的社交场合可多选用珠宝首饰，珠宝首饰与礼服组合，可谓珠联璧合；在一般的工作场合，选择端庄大方的配饰即可，且

配饰的佩戴应以不影响工作为基本前提；在西方，女士在参加葬礼时允许佩戴的配饰仅限于结婚戒指和珍珠项链，违反此规定会招人非议；大学生在校园内，宜选择金银饰品或工艺饰品或索性不带配饰，不宜佩戴珠宝饰品等高档配饰。

⑥ 配饰的选择应符合有关的习俗和惯例。不同地区、民族对于佩饰的规则也有所不同。此项原则要求佩戴者首先要对习俗或惯例有所了解，其次要尊重这种习俗或惯例。

第四节　女士服饰

一、女士服饰与体型

很多东方女士的身材头的比例偏大，上半身比例偏长。这要想在穿衣打扮上弥补其实也不难。不管是哪种体型，只要能根据自己的体型扬长避短，做到穿衣有道，就能变身为完美穿衣达人。

（一）体型的分类修饰

女性身体体型分为四大类：X形、A形、V形和H形。

1. X形

（1）身材特点

X形身材胸、腰、臀线条明显而突出，肩膀与臀部同宽，腰肢纤细，身体曲线明显，但并不过于消瘦。其实X形身材离S形只有一步之遥，只要略加修饰，马上可以变成傲人的S形身材，如图5-13所示。

（2）适宜穿着

① 穿低领、紧腰身窄裙，把腰身显现出来。

② 上半身的面料不要太柔软或太贴身，因为这种体型的女士通常上围比较丰满，太柔软贴身的面料会让上身显胖，但面料也不能过硬，否则会给人刚猛之感，没有女性的柔美气质。选择不容易走形的、有挺度的面料最好。

2. A形

（1）身材特点

A形身材是中国女性最常见的体型，上身肩部、胸部瘦小，下身腹部、臀部及大腿部分肥大，形状就像一个梨子，这是让无数女士头疼不已的一种身材，如图5-14所示。

（2）适宜穿着

① 因为胸部偏小，所以适合夸张的领口设计，如大扣子或大胸花。夸张的上半身装饰会让人的目光集中到胸口和腰身，缺点就被隐藏了。

图5-13　X形身材 　　　　图5-14　A形身材

②下半身适合穿显瘦的裤子或裙子，避免蓬蓬裙及面料太硬的A字裙。

③上半身较瘦，下半身较胖，穿衣要注意颜色上浅下深。可以以灰色这个中间色为界，上面的颜色不要比灰色更深暗，下面的颜色不能比灰色更淡、更明亮。

3．V形

（1）身材特点

V形身材的人脂肪过多地集中在身体的中间部位，如背、胸及腹部，肩膀很宽，上身壮而下身细，看起来像个倒三角，如图5-15所示。

（2）适宜穿着

①V形女性的共性是肩膀宽，所以建议选择样式简洁的衣服。一切突出上半身的衣服都不适合，如滚边、蕾丝或泡泡袖的衣服。

②紧身T恤配紧身牛仔裤加一件短马甲配一个方腰包，青春活泼。不要穿过于宽松的服装，以免给人胖的感觉。

③穿工装裙和紧身牛仔裤，能突出纤细的双腿。

④在颜色上应遵循上深下浅的原则。

⑤上半身衣服图案可选择深色镜面色，下半身衣服图案可选择格子、印花。

4．H形

（1）身材特点

H形身材外部轮廓不明显，三围差距不大，体型修长，少曲线感，如图5-16所示。

图5-15　V形身材

图5-16　H形身材

（2）适宜穿着

① 可以选择直筒的洋装及剪裁得体、帅气的中性服饰。

② 细腰带搭配较夸张的配饰既显露腰身又很时尚。

③ 适合有层次的搭配，如背心搭T恤，外套搭内衬等穿法，可让H形体型的女性线条更加柔美。

④ 避免V字领的贴身或裸露的上衣、窄身连衣裙，没有腰线的裙子，黑色或暗色套装，太长、太短或质地太单薄的裙子。

（二）劣势体型穿着

1. **脖子长**

适合：穿高领的衣服、戴短项链，在脖子上系丝巾，戴引人注目的胸针。

不适合：V形领、戴长项链。

2. **脖子短**

适合：选择凹领或V形领的服装，佩戴长项链，如果要戴丝巾请系在脖子下部。

不适合：高领、短项链、脖子上部系丝巾。

3. **肩宽**

适合：无肩缝衣袖、圆领、深V领，胸前可佩戴醒目胸针。

不适合：泡泡袖、宽厚垫肩、宽大有褶皱的花领，在肩膀装饰装饰物。

4. **肩窄**

适合：泡泡袖、垫肩，一字样式、船形样式的宽衣领。

不适合：无肩缝衣袖、插肩袖、低肩袖或露肩样式的上衣。

5. **胸部大**

适合：上宽下窄的外套或宽松的上衣，胸部没有过多的装饰的衣服。

不适合：贴身样式的上衣，过宽的皮带或皮带头，胸部有褶皱、口袋设计及横向条纹装饰的衣服。

6. **胸部小**

适合：胸部有横褶皱、软褶皱、口袋设计及横向条纹装饰，选择浅淡、鲜艳的上衣。

不适合：过于紧身或领口过大的衣服，以及深、重色调的衣服。

7. **腰长（腰的位置较低）**

适合：上衣有水平线装饰（如装饰边、口袋等），下装腰线上移。

不适合：低腰样式的下装。

8. **腰短（腰的位置较高）**

适合：低腰或无腰样式的下装，长上衣遮盖或覆盖腰部。

不适合：从腰部向外膨胀的宽下摆样式，上衣上有水平线的装饰。

9. **腰粗**

适合：选择腰部宽松的上衣，也可以采用竖线分割的款式，在视觉上削弱粗腰。

不适合：短上衣、束腰、宽腰带。

10. **臀部较宽**

适合：长度盖过臀部的上衣，下半身的裤子或裙子肥瘦一定要很合适。颜色上最好是上面明亮，下身收缩感强。

不适合：紧身的短装小上衣，在臀部有过多装饰物的裤子，以及百褶裙、碎褶裙、紧身裙等。

11. **臀部较窄**

适合：在臀部有装饰物的裤子以及百褶裙、碎褶裙等。

不适合：紧身裤及紧身裙。

12. **腿长**

适合：长款上衣，腰带选择与上衣同色。

不适合：短上衣、长筒裙，衬衣扎入高腰的裙子或裤子，腰带与下身衣服颜色一样。

13. **腿短**

适合：佩戴显眼的饰品，使人们的视觉上移，选择颜色明亮、浅淡的上衣，裙子的长度以刚刚到膝盖为宜。

不适合：过长并有印花的裙子，折边裤及锥形裤。

14. **手臂较粗**

适合：有袖子的、合体的上衣。

不适合：无袖、横条纹袖，衣袖太紧。

15. **手臂过细**

适合：长袖，衣袖有褶皱装饰设计且色彩鲜明。

不适合：很紧的袖子。

16. **身材高大并胖**

适合：上衣要合身，不要过于宽松，下装选择有垂感、稍微宽松的直筒裤，还可以选择纵向条纹的面料。

不适合：太短的上衣或裤子，过多装饰物的衣服及有横向条纹的面料。

17. **身材矮小并胖**

适合：十分合身的服饰，小到中等图案的面料。

不适合：有复杂装饰、大图案、宽松的衣服，以及大图案的围巾及包。

二、女士个人服饰的风格

我们常常会说"穿衣服一定要穿出自己的风格"，那么什么叫穿衣风格呢？其实很简单，就是每个人在生活中根据自己不同的个性穿着打扮，形成属于自己的特色，就是所谓的个人风格。女士装扮风格的类别很多，为了应用方便，我们将女士的个人服饰风格划分为以下八类。

（一）戏剧型风格

戏剧型风格又称艺术变化型，如图5-17所示。

图5-17 戏剧型风格

1. **风格特征**

脸部轮廓分明、身材高大、有个性、打扮入时、引人注目，服饰风格时髦而夸张，给人印象夸张、大气、成熟、有舞台效果。

2. 整体感觉

标准戏剧型风格的人给人的总体感觉是夸张大气，在人群中很引人注目。

3. 服饰推荐

（1）款式：上班时适合时尚的、带有锐利感的职业套装，搭配醒目的围巾、饰品和大而方正的公文包；休闲时适合能体现夸张的骨干身材的时尚服饰，如多变化的大开领、宽松袖、阔腿裤、大披肩等。

（2）颜色：有视觉冲击力、能产生对比效果的颜色，如深色里的黑色、灰色、深酒红色等，浓浊色里的卡其、橄榄绿、水鸭蓝等，荧光色里的黄、绿、橘色等。

（3）鞋、包及饰品：选择具有现代气息、夸张独特的鞋和包，如样式粗犷的鞋子，有装饰物点缀的包等；适合佩戴时髦、夸张的饰品，如大型的耳环、多层次的项链等。

（4）面料图案质地：选择夸张、华丽的图案，如大花、几何、抽象图案及各种动物纹理类图案；在面料质地上选择的面很宽，软硬薄厚、粗糙光滑都可，冬季还可以选择皮草类面料。

4. 发型推荐

夸张、时尚的发型，如极长卷发或极短短发都可以。

5. 化妆推荐

适合个性化妆容，强调眼睛与嘴巴的美感，用色可以较浓重。尽量回避平庸、可爱、不成熟的风格。

（二）自然型风格

自然型风格又称轻便随意型，如图5-18所示。

图5-18 自然型风格

1. 风格特征

给人以潇洒、活力、健康的印象。他们往往神态亲切，拥有直线型的身材，颇有运动感。性格随和而大方，具有洒脱的魅力。给人印象是大方、自然、亲和力强、潇洒、活力、健康。

2. 整体感觉

标准自然型风格的人给人以自然、随和、亲切、大方的感觉。

3. 服饰推荐

（1）款式：上班时适合简练的带有潇洒感的直线剪裁类的服装；休闲时适合款式简单大方、剪裁较宽松或运动感强的服装，如T恤、牛仔裤，可以将领子竖起来，或将袖子卷起来穿，这样更潇洒。

（2）颜色：适合自然、柔和、不刺激的色彩，如中性色里的深蓝色、卡其色与白色等；大地色里的咖啡色、砖红、骆黄、橄榄绿等；鲜艳色彩里的红色、黄色、绿色等。

（3）鞋、包及饰品：选择大方、质朴的鞋与包，如低跟浅口、不过分装饰的鞋子；皮质柔软的挎包及各种编织包、布包等；饰品适合造型朴质、质地自然的或民族风格的印饰品。

（4）面料图案质地：选择大方、自然的小至中型的花纹，如格子、条纹、圆点及有趣的图案；质地上适合朴素、天然的，如纯棉、牛仔布、麻与毛料类等。

4. 发型推荐

随意的、自然的、线条流畅的发型。

5. 化妆推荐

以淡妆为主，不需要过分突出眼影和唇膏的颜色。尽量回避夸张、华丽、可爱的服饰风格。

（三）古典型风格

古典型风格又称传统保守型，如图5-19所示。

1. 风格特征

五官端庄、面容高贵，有一种都市成熟女性的味道。但稍微一放松就会显得形象朴素，年龄偏大，需要穿一些精致而正统的服饰来衬托自己。给人印象是精致、成熟、高贵、端正、有距离感。

2. 整体感觉

标准古典型风格的人给人端庄、稳重、传统、高贵、精致的感觉。

3. 服饰推荐

（1）款式：上班时适合穿着质地精良、做工精致并非常合体的职业套装，搭配精致的中型包及皮质上乘的浅口中跟皮鞋，还可以用丝巾或质感好的项链做点缀，不需要过多过复杂的装饰物；休闲的时候可以直线剪裁的服装为主，可选择精致的毛料类、丝织及针织物类材质。

图5-19 古典型风格

（2）颜色：适合比较偏理性化或淡雅的颜色，如中性色里的深蓝、灰色和米色系列；深色里的墨绿、酒红、黑色等；柔和色彩里的粉橘色、香蕉黄、芥末绿等色。

（3）鞋、包及饰品：选择经典的、皮质精良的浅口皮鞋；选择同样皮质精良的、有型的包，不要选择柔软的包；选择大小适中、高级精致的饰品，还要注意它们之间的色彩协调。

（4）面料图案质地：适合方格、条纹、水点等小型花纹；质地上要求比较高，一定要精致、细密、挺括的面料。

4. 发型推荐

简单利落的短发或长发，盘发或整齐严谨的烫发。

5. 化妆推荐

以淡妆为主，不需要过分突出眼影和唇膏的颜色，但化妆的完整程序不可省略，要注重妆面的细节部分。尽量回避随意、可爱、过于夸张流行的服饰。

（四）优雅型风格

优雅型风格又称高贵典雅型，如图5-20所示。

1. 风格特征

脸部轮廓柔美、圆润、五官精致，面部量感比较轻盈；身材圆润、呈曲线型，走起路来很优雅。无论是身材、面庞，带给人的印象都是有女人味的，也可能会给人以小家碧玉的感觉。柔软的面料和曲线裁剪的服装很适合他们。给人印象是贤妻良母、精致、温文、婉约。

图5-20 优雅型风格

2. 整体感觉

标准优雅型风格的人给人温柔、雅致、内敛、文静、柔弱的感觉，并带有较浓郁女人味。

3. 服饰推荐

（1）款式：上班时适合曲线剪裁的雅致的套装，在领口、衣襟、口袋等细节地方可用花边处理，可适当突显腰部、臀部的曲线；休闲时适合选择连衣裙类或选择柔软、飘逸的半裙配面料精良的开衫毛衣，宽松而有垂感的长裤搭配真丝衬衣也很不错。

（2）颜色：适合柔美、能呈现女性韵味的颜色，如中性色里的乳白、米色、灰色等，以及深色里的黑色、藏青色等。

（3）鞋、包及饰品：适合选择皮质柔软、秀气有女人味的曲线造型的鞋和包；饰品也适合精致高雅较女性化的饰品。

（4）面料图案质地：适合流线感强的花纹及圆点类图案，可选择柔和、轻盈的面料，如细而软的丝绸、缎类等。

4. 发型推荐

整洁、光滑的披肩发、微卷发，盘发也适合。

5. 化妆推荐

妆面要求干净、考究、正式，不适合过于浓艳的妆，妆面可强调睫毛，淡化眼影和唇膏。尽量回避过于个性化的、可爱的服饰风格。

（五）浪漫型风格

浪漫型风格如图5-21所示。

图5-21　浪漫型风格

1. 风格特征

形象迷人，五官甜美，女人味足，眼神妩媚，身材圆润，是浪漫型风格女士最典型的特征。给人印象是华丽、成熟、大气、迷人。

2. 整体感觉

标准浪漫型风格的人妩媚、妖娆、风情，有成熟女人的魅力。

3. 服饰推荐

（1）款式：上班时适合选择有浪漫的设计的衣服款式，面料也倾向于柔和的，但要注意不可打扮得过于华丽；休闲时适合华美、夸张、以曲线设计为主的衣服，如蓬松的、带褶皱的、线条流畅的长裙，质地柔软、悬垂感好的宽松长裤，搭配多装饰的上衣等。

（2）颜色：适合艳丽的女性化色彩，如中性色中的黑色与白色；鲜艳的桃红、宝蓝、大红色与绿色等。

（3）鞋、包及饰品：很有女人味的高跟鞋，鞋面上有花形的装饰更好；包可以选择质地软一些的皮包；饰品以有光泽、华丽夸张的饰品为主，但是数量不要过多。

（4）面料图案质地：有华丽感、光泽感的伸缩性面料，如丝绒、丝绸类、金银线编织类、柔软的棉织品；图案也适合选择女人味浓的花卉、梦幻的线条及水点类纹饰。

4. 发型推荐

适合蓬松凌乱的大波浪，可以是长发也可以是短发。

5．化妆推荐

要注重化妆的细节，强调眼睛和嘴巴，适合较浓一些的妆。尽量回避可爱随意的，以及中庸的服饰风格。

（六）前卫型风格

前卫型风格又称时髦抢眼型，如图5-22所示。

图5-22　前卫型风格

1．风格特征

脸部线条清晰、明朗，五官个性，身材骨感。给人印象是个性、小夸张、与众不同。

2．整体感觉

标准前卫型风格的人给人年轻、摩登、酷、新潮的感觉，整体强调时尚感、独特感，极具个性魅力。

3．服饰推荐

（1）款式：上班时适合选择潇洒利落的服饰，在细节部分如领、袖、扣等地方与强调差异化设计，或在流行服饰中选择时尚但可以出现在职场上的服饰；休闲的时候选择以直线剪裁为主的反传统、个性化强的衣服，可在流行服饰中搜索时尚、新颖、别致的款式，如短上装、紧身裤等。

（2）颜色：适合较为鲜艳的、有视觉冲击力的颜色，如中性色里的黑与白，以及艳如珠宝的色彩，构成对比强烈的搭配。

（3）鞋、包及饰品：适合各种流行的、新潮的、有造型感的鞋；包可选择多装饰物的时尚的包；造型独特、夸张的饰品也很适合，如动物图案的耳环等。

（4）面料图案质地：流行的高科技面料，时尚的条纹、格子、几何类图案或抽象花纹、动物毛皮类的图案。

4. 发型推荐

当下流行的、前卫的发型。

5. 化妆推荐

适合时尚、个性化的、有色彩对比的妆面，突出眼妆。尽量回避不时尚、优雅浪漫的服饰风格。

（七）前卫少女型风格

前卫少女型风格又称甜美淑女型，如图5-23所示。

图5-23　前卫少女型风格

1. 风格特征

脸部轮廓圆润，五官小巧可爱；身材不高，骨架小。看起来比实际年龄年轻，她们穿着成熟的服装后往往会出现与自身风格不符的情况，这是因为她们恬美的面部及可爱的身材造成的。

2. 整体感觉

标准前卫少女型风格的人给人善良、可爱的感觉，看上去比实际年龄要年轻很多，带有某种纯真的特点，有一种精巧、细腻的感觉。

3. 服饰推荐

（1）款式：上班时适合曲线剪裁的小圆领短款套装，缀以蝴蝶结、蕾丝花边等可爱的装饰物，也可以采用部分动感、乖巧型的直线裁剪的服装；休闲的时候可选择可爱型的衣服，如碎花的衬衣、连衣裙、背带裤、喇叭裙、A字裙，以及花边装饰的柔软小开衫等。

（2）颜色：适合柔和偏可爱的颜色，如中性色里的白色、浅灰、米灰色等及常用的粉色系；尽量少穿深色系服饰。

（3）鞋、包及饰品：圆头、浅口、中跟的鞋子或带花朵装饰的小皮鞋；小巧、柔软、造型可爱的皮包；小巧玲珑的饰品。

（4）面料图案质地：可选择质地细腻、柔软的面料如细灯芯绒、平绒、细条绒、碎花布等，或柔软的羊毛及兔毛等制品；图案适合传统、可爱的花朵、小圆点、小动物、蝴蝶结等。

4. 发型推荐

清纯的直发、马尾或可爱的微卷发，可佩戴蝴蝶结等发饰。

5. 化妆推荐

适合淡雅、保守的妆容，强调睫毛和嘴唇的清纯度。尽量回避成熟、夸张、随意的服饰风格。

（八）前卫少年型风格

前卫少年型风格又称帅气型，如图5-24所示。

图5-24　前卫少年型风格

1. 风格特征

脸部轮廓分明，五官有力度感，英气十足；身材直线感强，干练帅气，走起路来非常潇洒。正统的职业套装和花边裙、蕾丝装饰不适合她们，她们适合穿活泼、时尚的中性化服装。

2. 整体感觉

标准前卫少年型风格的人给人活泼、帅气、干练、洒脱、简洁、清爽的感觉，做偏男性化打扮反而能衬托其女性的魅力。

3. 服饰推荐

（1）款式：上班时适合以直线剪裁为主的搭配，如立领样式的上衣搭配裙装或裤装，还可以选择裤装搭配短款上装等；休闲时适合干练、利落的衣服，如将T恤或衬衣束在裤装里面穿，系上腰带会更潇洒。

（2）颜色：适合明快、有韵律感的颜色，如中性色里的米灰色等；深浅不同的咖啡色、灰色等；明亮色彩里的粉橘、乳黄、苹果绿等。

（3）鞋、包及饰品：适合有鞋带的、方跟方口的皮鞋或男式靴；包适合中性化的公文包、单带长挎包；饰品尽量少，如需佩戴可选择大小适中、风格独特的饰品。

（4）面料图案质地：图案适合有清晰对比的格纹、条纹及几何类图案；面料要选择有硬度的，如灯芯绒、牛仔布、混纺类面料。

4. 发型推荐

直发、碎发及超短的发型。

5. 化妆推荐

适合淡妆，用色要选给人感觉偏理性的颜色，强调眼影及眼线。尽量回避华丽、中庸、保守的服饰风格。

》三、女士配饰美学观念

整体的形象设计是有由发型、化妆、服装及配饰等多方面组成的。现代人越来越追求个性化风格，构成个性化风格的方式有很多，其中选择适宜的配饰犹如"画龙点睛"。

配饰是每位女士的必备之物，或成熟典雅，或时尚前卫，一款适合自己的配饰不仅给衣服锦上添花，还可以从细节之处展现女性的迷人魅力，那么如何挑选适合自己的配饰呢？

首先，配饰的搭配不要多，一两件是精巧的装饰和点缀，而多于3件则显得庸俗不堪。千万不要把橱柜里的东西一次性都放到身上来，同样的花色或品牌只要一两件即可。记住配饰只是点缀作用，用于调节着装，使之与自己所要展现的气质更为合拍。

其次，配饰的佩戴一定要符合个人气质和服饰装扮，必须要了解自己给人的感觉，如是成熟、中性还是可爱。例如，如果给人的感觉是活泼中带有一点风趣，那么过于妩媚的配饰就会格格不入。穿得越朴素的，越需要配饰调节，配饰会丰富我们的衣服，让我们即使穿得简单，也很容易变得出色。

（一）围巾的选择与运用

1. 经典围巾的选择

（1）披肩

一般情况下，披肩在晚宴或正式场合中是最常被使用的，是旧时贵族女士的最爱，能很好地表现女性的温柔与雅致。不过，时下人们为披肩注入了新鲜、活泼的时髦元素，使披肩成为时尚的一个流行亮点，就连用牛仔裤搭配也很漂亮。

（2）围巾

长围巾目前很热门，但比较适合身高较高的人；身材矮小的人，选择的围巾不要太厚，宽窄要适中，否则会使整个人在比例及视觉上失去平衡感。

（3）丝巾

丝巾的款式很多，一般来说，大的方形丝巾看起来会比小丝巾显得更成熟稳重，但同时也会显得老气些。而小丝巾和长丝巾会看起来比较靓丽和年轻。脖子粗或脖子较短的人，在佩戴丝巾时最好不要选择小丝巾，可以使用长丝巾，采用从后往前披挂的方式，这样垂挂下来的丝巾线条会让脖子看起来有拉长的效果。当搭配外套时，丝巾的长度要刚好过腰一点，这样会使整体线条变得更修长。

（4）颜色

选择围巾时，如果衣服是素色的，围巾就选择有花色的，相反衣服是花色的，就选择素色的围巾。除此之外，围巾的主色调最好是个人最适合的色系，这样当围巾贴近脸部时，才能衬托出理想的气色。

2. 围巾的运用方法

对于爱美的人，围巾早就跳脱出了单纯的御寒作用，成为配饰中的重要单品。选择一条款式独特、色彩出众的围巾仅仅成功了一半，如何将围巾在颈间环绕出美丽的风情才是最关键的。

围巾的系法有很多种，接下来介绍几种方法给大家参考。

（1）围巾

围巾的花式较多，且易于变化，可以将它围在脖子上，也可以松松地扣在胸前，搭配一个别致的胸针，闪亮动人。围巾的系法主要有以下几种。

①韩式时尚三角结系法。将围巾折成三角形，把三角尖斜一点放到胸前，然后将围巾两边从前边绕到脖子后边去系好。这种系法给人一种很前卫的感觉，而且个性十足，如图5-25所示。

②披肩式围巾系法。披肩式围巾系法也称双八字系法，这种系法是最简单的。首先从

中间分开把围巾两边交叉后搭到背后，然后在背后交叉搭到胸前来，再从胸前交叉搭到肩上。这种系法很有气质，时尚又不乏女人味，如图5-26所示。

图5-25　韩式时尚三角结系法

图5-26　披肩式围巾系法

③ 单层淑女结系法。将折成适当宽度的围巾从前面挂到脖子上，围巾两端在颈后交叉再绕到胸前。这样可使普通的围巾造型在整体搭配效果上给人一种眼前一亮的感觉，如图5-27所示。

④ 乞丐混搭结系法。这种系法很个性，之所以称它为乞丐混搭结是因为它很有"破旧"的效果。别看它系出的效果好像很复杂，其实系法很简单。把围巾从前面挂到脖子上，围巾两端在颈后交叉再绕到胸前，在右手边的一团围巾中拉出一个小孔让左侧的边穿过去搭到背后，右侧的边同样穿过左边一团围巾的孔搭到背后，如图5-28所示。

图5-27　单层淑女结系法

图5-28　乞丐混搭结系法

（2）丝巾

① 三角巾结系法如图5-29所示。

② 短项链结系法如图5-30所示。

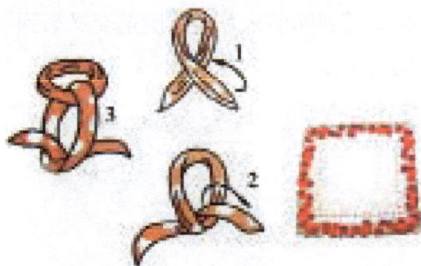

图5-29　三角巾结系法

图5-30　短项链结系法

③ V字结系法如图5-31所示。

④ 围巾结系法如图5-32所示。

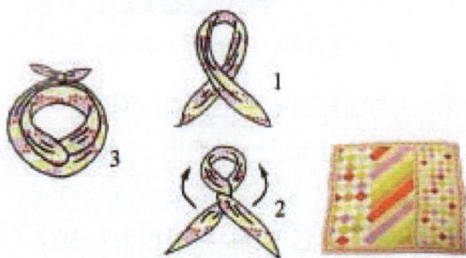

图5-31　V字结系法

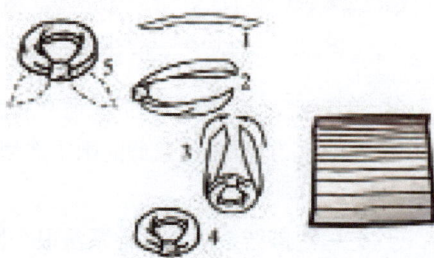

图5-32　围巾结系法

⑤ 牛仔结系法如图5-33所示。

⑥ 短垂缀结系法（1）如图5-34所示。

图5-33　牛仔结系法

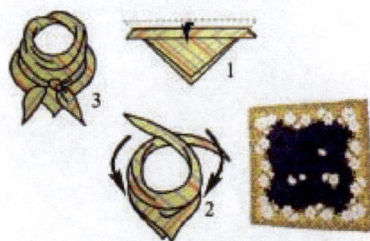

图5-34　短垂缀结系法（1）

⑦ 短垂缀结系法（2）如图5-35所示。

⑧ 童军结系法如图5-36所示。

⑨ 花朵结系法如图5-37所示。

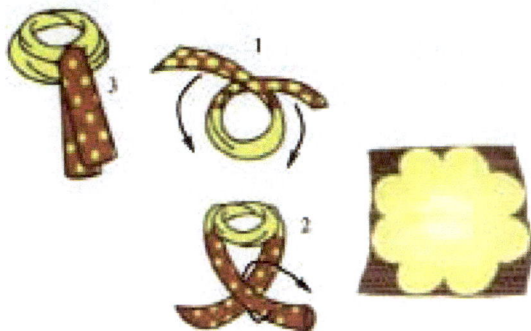

图5-35 短垂缀结系法（2）

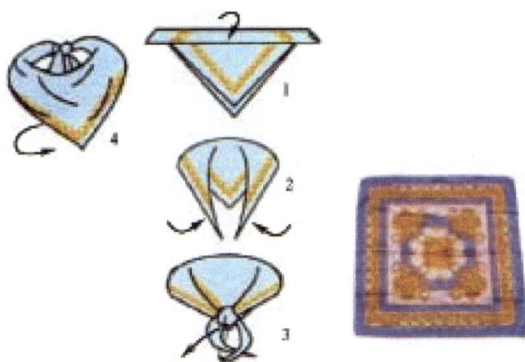

图5-36 童军结系法

图5-37 花朵结系法

（二）项链、耳环的选择

1. 饰品与个人肤色搭配

饰品的佩戴应结合自身气质与服饰。人与生俱来的色调（肤色、发色、眼睛的颜色）

与大自然的色彩特征相吻合，有冷、暖之分。而饰品的色彩也有冷暖之分，选择饰品的色调与选择服装的颜色一样，都取决于人身体的自然色调。

肤色偏红的人，可选用浅绿、墨绿等色的珠宝饰品，如图5-38所示，以衬托出活力。但不宜用大红、大紫或鲜蓝色的宝石，以免将脸色衬得发紫。

肤色较黑的人不宜佩戴白色或粉红色系饰品，以免使皮肤显得更黑。但用茶晶色、黄玉色等中间色调的，如图5-39所示，可起到淡化皮肤颜色的良好作用。

图5-38　墨绿色的珠宝饰品

图5-39　黄玉色的珠宝饰品

肤色较白的人，可选择带宝石的金属饰品、珍珠饰品及贝类雕刻饰品等，如图5-40所示，使饰品与洁白的肤色相配，有文静秀美之感。

肤色略黄的人，选择铂金饰品（见图5-41）、白银饰品、象牙饰品是很恰当的，它们能增添使用者的优雅姿色，此外选择绿色宝石或彩球类饰品也很有气质。但尽量不要选择红色或黄色的饰品，以免使肤色更趋深暗。

图5-40　红宝石饰品

图5-41　铂金饰品

2. 饰品与个人风格搭配

除颜色外，在选择饰品的时候，还应注意饰品的款式与自身的气质及服装风格是否一致。仔细观察周围的人，会发现人们因为脸型、体型、性格、气质不同，饰品风格也不同。而人本身具有的风格倾向决定了其适合哪一种风格的服装和首饰。

（1）戏剧型

戏剧型的人饰品应有强烈的时代感和时尚感，适合造型大胆的耳环、成串的手镯、宽大的戒指等。

（2）自然型

自然型的人的装扮应力求线条简洁、质朴大方、不留豪华设计的痕迹，适合粗犷、自然的饰品，如树叶形状的别针、水滴造型的饰品等。

（3）古典型

古典型的人气质高雅，所以紧贴颈部的珍珠项链、一分硬币大小的扣式耳环等都能体现出其传统的闺秀风范。

（4）优雅型

优雅型的人有飘逸感，富于曲线美，所以适合线条圆润、气质优柔、文雅，极富女人味的饰品，如小花排列的手链、精雕细刻的戒指等。

（5）浪漫型

浪漫型的人圆润、妩媚，有着迷人的双眼，所以适合线条流畅、柔美的饰品，如蝴蝶结、花瓣等造型的耳环，细细的、有漂亮坠子的项链等。

（6）前卫型

前卫型的人适合造型小巧、新奇、别出心裁，极具个性的饰品来体现其年轻、时尚的状态。

3. 饰品与脸型

（1）项链（见图5-42）

①椭圆脸型。几乎各种款式的饰品都能与标准椭圆脸型的人相配。虽然椭圆脸型的人很好搭配饰品，但是容易给人一种"好太太"的感觉，贤淑却不够时尚，所以不要选太过成熟的项链或耳环，如珍珠、小颗钻的项链等，以免给人一种老派的感觉。

图5-42　项链

②圆脸型。圆脸型的人不要戴贴颈式或链子太粗、太复杂的项链，如项圈或由圆珠串成的粗大项链，以免给人一种"紧勒"的感觉。还要避免选用圆形、扇形的项链，以免显得脸更圆。为了让脸部有拉长的效果，圆脸型的人应选择长项链，利用长项链的V字形

效果装饰，拉长脸部线条；最佳的项链长度是在锁骨到胸部中间，可以让颈部线条更美；坠子也要选长方形或水滴形，让丰腴的脸部线条柔中带刚；同时吊坠的延长感会使视线下移，为颈部带来纵深拉长的感觉，展现清纯与典雅。

③方脸型。方脸型的人应选择圆滑形状的坠饰，如水滴形、椭圆形或长弧形的项链，以缓和脸部的角度。材质上可以选择风格柔和一些的，如珍珠、缎带等。项链要长于锁骨；也可利用长短混搭，如一串长及胸的珠串，加上一个点缀在锁骨间的金属坠饰，形成一种优美的搭配比例。

④倒三角脸型。倒三角脸型的人适合佩戴短项链及项圈类，尤其是有圆形珠子的，可以让脸部线条看起来比较圆润、丰满。避免佩戴棱角明显的首饰，如几何形项链等。

⑤正三角脸型。正三角脸型的人额部窄小、下颌部宽大的特点适合选择长项链。因为长项链佩戴后所形成的倒三角形态有利于改变下颌宽大的脸型。

⑥长脸型。长脸型的人适合佩戴圆形、横向设计的项链，如传统的珍珠、宝石串珠式的项链，以巧妙地改变脸部线条。双层式、三层式的项链也比较适合长脸型的人。

⑦菱形脸型。菱形脸型的人适合简单却亮眼的饰品。因为颧骨过高，如果戴太复杂的东西，会看起来非常混乱。可以选择质感好的金属饰品，点缀闪亮小钻，以烘托整个气质。要避免菱形、心形、倒三角形等形状明显的坠饰，花样面积不要太大，链子不要太长，让脸型变得更加细致。

（2）耳环（见图5-43）

图5-43　耳环

①椭圆脸型。椭圆脸型的人款式选择范围最大，什么样式都很适合，耳环长度最好到下巴，能让丰腴的脸部线条柔中带刚，如果想更时尚些，建议不要选择太过成熟的耳环，以免显得老派。

②圆脸型。圆脸型的人适合长方形、鞭形、水滴形等结构修长的垂吊式耳环，长度在2～3厘米最好，有平衡圆脸的效果。不要戴大片式或耳贴式的耳环，更不要选择圆形的大圈耳环。

③方脸型。方脸型的人适合形状圆滑的耳饰，如水滴形、椭圆形、长椭圆形、弦月形、新叶形、单片花瓣形、鸡心形、螺旋形或长弧形等。尽量避免耳钉，因为它不仅无法弥补脸型缺陷，还会强化缺陷，也不要佩戴方形或几何形等线条硬朗的首饰，以免加剧脸部的棱角感。

④倒三角脸型。倒三角脸型的人适合"上窄下宽"的耳环坠子,如水滴形、葫芦形,以及角度不是非常锐利的正三角形、椭圆形及纽扣形的耳环,以平衡太瘦的下巴,让脸部线条看起来圆润一些。有坠子的耳环,长度不要刚好停在下巴的位子,因为这样更容易让人把视线集中在消瘦的下巴。倒三角脸型的人也不适合贴耳式的耳钉,容易强化倒三角轮廓。

⑤正三角脸型。正三角脸型的人适合佩戴耳饰,如圆形、叹号形、弦月形等,它们最能展现个体娇媚的丰采。要避免选择三角形、六角形或正方形等角度明显的耳环,以免增加脸型的硬朗感。

⑥长脸型。长脸型的人可选择圆润或饱满的饰品,以增加耳朵与颈间的分量,如贴耳式的大宝石耳环、颜色丰富的复古耳环,都会让长脸型的人看起来很高贵。但要避免戴摇摆的长耳坠,因为它们会让脸看起来更长。

⑦菱形脸型。菱形脸型的人适合水滴形、圆形耳饰。要避免菱形、心形、倒三角形、叹号形等形状的耳饰,否则会让下巴显得更尖。

(三)包的选择与运用

从真皮到漆皮、大包到手包、糖果包到印花包,每一款包都有其独特的风格,适合不同气质的人使用,如图5-44所示。包是用来搭配衣服的,要考虑平时穿什么衣服,服装面料改变,包的质地也需要相应改变。除了考虑日常的服装和配饰外,最重要的是需要参考个人外形条件及气质。

图5-44 包的种类

1. 体型与包

如果偏爱宽大的包,那一定要考虑个人的身高问题。大包并不适合所有人背,而且不同身高也需要选择不同的大包款式,包一定要和个体的身材相匹配。

①A形体型:避免包与胸齐。

②V形体型：适合手提包。

③H形体型：避免包齐腰。

2. 包的色彩

包的色彩要搭配衣服、皮带、鞋子的颜色，基本上包的颜色以与腰带和鞋子为同一个色系为佳，如图5-44所示。

（四）鞋子的选择与运用

鞋子是最能体现品位的配饰，从鞋子可以看出一个人的心理状态、生活习惯和个性，所以鞋子是不可忽视的。

1. 选择合适的鞋

（1）舒适度

舒适度是最重要的挑鞋原则，不要光顾着漂亮而忽略了舒适度，太小、太紧、鞋跟太高、鞋底太硬的鞋子都不要尝试，如图5-45所示，以免影响正常的工作和生活。

（2）色彩

可以让鞋子成为全身最鲜艳的颜色，如果不能很好地把握，就选择中性色的鞋子，比较好搭配，如图5-46所示。

（3）款式

鞋子的款式很多，选择时一般会分正式场合和休闲场合，休闲场合可以根据自己衣服的风格随意选择，如图5-47所示，但正式场合就比较严谨，要避免穿露趾鞋。

| 图5-45 不舒适的鞋子 | 图5-46 中性色的鞋子 | 图5-47 时装鞋 |

（4）鞋跟

鞋跟的粗细应与身材和小腿搭配。鞋跟的高度平时可选择3～5厘米，若参加宴会可选择7～10厘米鞋跟的鞋子将身材变得更完美。

（5）材质

职业女性以真皮为主。

2. 鞋子与身材

①丰满高大型：要注意鞋跟的选择，一般选择较有分量的鞋跟，避免头重脚轻。

② 娇小玲珑型：最好选择与衣服同一色系的靴子，也可以选择短裙配长靴，如图5-48所示。

③ 长腿：选择短靴、中筒鞋、长筒鞋（见图5-49）都很适合。

④ O型腿：适合直筒靴，可以遮挡弯弯的腿，不要选择靴筒过紧的靴子，以免使腿型看起来更弯。

⑤ 萝卜腿：选择靴筒高于小腿最粗处的款式，靴筒最好是比较宽的，不要选择正好卡在小腿最粗处的鞋，这样会让小腿显得更粗。

图5-48　短裙配长靴

图5-49　中、长筒鞋

（五）帽子、眼镜、手表与袜子的选择与运用

1. 帽子

帽子除了遮阳之外，更具有强化造型的效果。许多国际服装设计师在新装发布会上，也常常让模特搭配帽子来走秀。选择一款精致的帽子，对搭配服装而言十分重要。

（1）帽子的选择

一般来说，购买帽子以实用性、搭配性强为主。冬天可选的颜色以黑色、灰色、驼色、咖啡色等与外套颜色同色的颜色为主，但深浅可以不同，材质上以毛线或毛呢较为普遍，皮质的比较难保养。夏天的帽子颜色可以丰富些，如草编的帽子遮阳与透气效果都很好，麦秆色是最合适草编帽的颜色。

（2）帽子的搭配

其实想要找出适合自己的帽子样式，还要针对个人的发型、服装进行搭配的，如棒球帽具有美式、自由的感觉，搭配披肩长发或马尾都很好看，建议搭配"棒球帽+T恤+牛仔裤/牛仔裙"；贝雷帽优雅、可爱，适合冬天佩戴，建议搭配"贝雷帽+毛呢裙+短大衣"；鸭舌帽帽檐小、帅气，建议搭配"鸭舌帽+皮衣"。

2. 眼镜

现代社会中，眼镜不仅具备矫正视力的作用，还有装饰仪容、掩护五官缺陷的功能。例如，长鼻子的脸庞可以选配恰当的镜架，戴上之后鼻子就会显得不那么长了。而戴上深色宽边镜架的眼镜，则可隐藏或掩护如眼睑下垂和脸部疤痕等缺陷，起到矫正和美容的双重效果。要学会扬长避短，选择一款适合自己的眼镜，戴上它焕发出属于自己的光彩。

（1）脸型与镜架的搭配

要想取得最好的效果，首先要了解什么样的脸型适合什么样的镜架。

镜架分类及其特点：圆形，中规中矩，斯文，有书卷气；椭圆形，线条圆滑，含蓄内敛，适合文静型的淑女；方形，经典造型，大方得体，适合干练型女士，符合中性潮流；多角形，由方形镜架衍生出来的钻石六角形和八边形，时尚前卫，适合"新新人类"。

方框、圆框并无严格划分，"方中带圆，圆里透方"的中性款式是老少皆宜的。

（2）脸型与镜架的搭配要诀

① 椭圆脸型——适合各种造型的镜架。椭圆脸型的人，可选配任何款式的镜架，但最好不选直线条的镜架，也就是太高、太扁的镜架。

② 圆脸型——适合细长形、方形的镜架或梨形镜架。圆脸型的人脸较短，所以最好搭配略带曲线感的细长镜架来调和。有角的与方形的镜架有利于修饰脸部线条（突出纵线），这样可以扬长避短，使脸部轮廓显得更明显、更精神。

③ 方脸型——适合圆形眼镜架。方脸型的人两颊较宽，脸较短，看起来刚强，为柔和脸部线条，选用略带曲线感的镜框可让脸型看起来更柔和，缓和过宽的两颊。而且应该注意选择比脸型稍宽的镜架，可使脸型显得更加细长些。

④ 长脸型——适合长方形眼镜架。长脸型的人因脸部较长，框架应尽可能多地覆盖脸部，可选择粗框的镜架，以减少长脸的效果。

（3）不同肤色搭配眼镜原则

通常肤色较浅的人最好选择颜色较淡的镜架，如柔和的粉色系或金银色的镜架；肤色较深者，则宜选择颜色较重的镜架，如红色、黑色等。

（4）不同场合搭配眼镜的原则

选择一副适合自己个性、符合当时场所的眼镜是非常重要的。一般来说，正式场合宜佩戴框架较小、款式精致的眼镜，既典雅又方便做事；休闲、聚会等场合，则适宜选择一些时下流行的、大边框的眼镜，显得既青春又时尚。当然，也可根据自身喜欢，选择一些不规则形状镜片的眼镜，出入一些个性化派对等场合，如图5-50所示。

3. 手表

现在人们说起手表，已不会认为它仅仅是一个计时的工具。对于商务人士而言，根据自己的身份、出席的场合以及穿着的服装等搭配不同的手表是必要的。办公、

图5-50 眼镜

社交、商旅、休闲运动是商务人士的几大主要生活部分。在不同的场所、跟不同的人在一起，商务人士具有不同的角色和身份。因此，针对每种情境，每个人要拥有多款手表。

选择一款手表，我们首先要看它的外形设计，这是个人偏好体现得最为鲜明的部分，也是评价一款手表的首要因素。其次，要关注它的材质和功能，这是手表价值的重要组成部分，也是选择的重点考虑因素。

同时，手表的品牌和风格也十分重要，适合自己的手表品牌和风格能够恰当地体现一个人的身份和品位。这一点主要看个人的喜好。总之，选择手表的过程，是对以上因素进行综合考虑的过程，因为手表融合艺术设计、工艺制造于一身，不同的人对它会有不同的审美取向。

手表（见图5-51）越来越成为一种个性饰品，人们都想拥有一款独特的手表产品。选择手表时我们可以按照环境来做出正确的选择。

图5-51　不同类型的手表

（1）经典商务

商务人士花费时间最多的是工作场合。此时，应选择那些能够体现形象地位专业度的经典表款。这些手表的共同点主要体现在纤薄、典雅的外观设计上，同时品牌也应是选择的重要考虑因素。

（2）休闲运动

在休闲场合中，手表具有丰富的实用功能。防水功能、计时功能都是休闲运动风格手表的重要功能。同时，为了更好地掌握时间、进行跨国性的沟通，时区功能也变得更加必要。此外，值得注意的一点是，休闲运动表款现在已经不再单单强调功能，贵金属的运用和别出心裁的外观设计，使佩戴者无论在什么休闲场合，都能体现与众不同的风度。

4. 袜子

脚上的一点点细节，能透露出美与不美的区别，美丽要从头到脚才行。

（1）选择

袜子是非常重要的配件之一，有时候一双袜子，就可以让普通的鞋子变得有趣，需要注意的是穿丝袜又穿凉鞋时，要注意不要露出袜末端的接头和缝隙，尽可能选购没有接头和缝隙的袜子。

（2）搭配

现在流行的鱼嘴鞋很适合上班的白领穿，整双鞋包裹住脚，只露出部分脚趾，很有女人味。穿此类鞋要记得进行脚指甲的修护与整理，可以涂淡色、透明、裸色的指甲油，有文化气质又非常好看。

第五节　男士服饰

服饰的款式、色彩对体型能产生很大影响，能装饰和美化各类体型。在日常生活中，标准体型的人毕竟不多，服饰与体型搭配的目的，就是通过服饰搭配来改善体型，通过修正服饰的式样、颜色来使整体显得美观，通过不同的款式分割线、面料纹样、色彩因素来对不同体型加以修饰。

一、男士体型的分类修饰

男士身体体型分为四大类：V形、H形、A形和O形。

① V形：体型比较匀称，属于男性体型中最理想的体型，服装的选择面较大。

② H形：属于偏高体型，在服装上可用深色和水平线因素来增加重量感。

③ A形：属于矮胖体型，面料的纹样应多选择垂直线，并且需要选择比较平整的面料。款式应避免横向对称的服饰线和纽扣。

④ O形：肥胖体型，在整体上有敦实之美，为了看上去再苗条些，可以选择带有垂直线纹样的款式，使视觉上有种上下延伸感和狭窄感。面料选择上，细腻的针织物是好的选

择。平整的肩部式样如V形领和竖式的配饰安排，也会让人看起来更苗条。

二、男士个人服饰的风格

（一）戏剧型风格

1. 风格特征

脸部轮廓线条分明、硬朗，五官夸张、立体，身材高大、健壮。

2. 搭配

适合有强烈对比的颜色搭配，如有舞台感的时尚服装，夸张、宽松的领口，华丽、时尚的面料，夸张、大气的图案，醒目、装饰性强的饰物。

3. 风格特色

张扬、华丽，穿着上要对比鲜明、有跳跃感。

4. 整体感觉

夸张大气，有权威感及很强的男子气概，如图5-52所示。

（二）自然型风格

1. 风格特征

脸部及五官呈直线感，神态随意、自然，身材具运动感，有活力、帅气。

2. 搭配

宜选择大自然中有柔和倾向的色彩。服饰应选择大方、天然的面料，自然的花纹、格子、几何图案，朴实大方的饰物。这种类型的男士穿一件很平常的衣服也能"熠熠生辉"，如图5-53所示。

图5-52　戏剧型风格

图5-53　自然型风格

3. 风格特色

潇洒、亲切、随和、淳朴。

4. 整体感觉

亲切，自然有活力，像大哥哥。

（三）古典型风格

1. 风格特征

脸部五官严谨、正统、稳重，身材适中。

2. 搭配

宜选择具有理性倾向的色彩，如深蓝、蓝灰、灰色、米色、驼色等，适合全身同一色彩的搭配。宜选择精致合体的服装，高级、挺括、细腻的面料，均匀、规则排列的小纹样图案，精致、大小适中的饰物。衣服要求质地、做工有品质和精致感。手表、袖扣、领带等从头到脚都要体现出古典型人的品位。

3. 风格特色

正统、稳重、高贵。

4. 整体感觉

端庄、稳重、传统、高贵，并有成熟男士的感觉，如图5-54所示。

（四）浪漫型风格

1. 风格特征

脸部轮廓圆润，五官呈曲线感，眼神迷人，身材比较标准。

2. 搭配

色彩宜选择较为饱和、华丽、不深暗的色彩。可选择做工华美的服装，华丽、光泽感强、细腻的面料，曲线感的图案，华丽醒目、夸张的饰物。浪漫型男士的穿着要突出贵族气息，要有华丽感。

3. 风格特色

精致、帅气、迷人、优雅。

4. 整体感觉

精致、帅气、优雅，性格大气并有成熟男性的魅力，如图5-55所示。

（五）时尚型风格

1. 风格特征

脸部线条清晰、明朗、五官偏小，个性十足；身材骨感，骨架偏小。

2. 搭配

适合具有时尚、前卫感的色彩。可多使用彩色和金属色。

3. 风格特色

年轻、时尚、个性。

4. 整体感觉

年轻、酷、个性、别致、灵动，整体强调时尚感，极具个性魅力，如图5-56所示。

图5-54　古典型风格　　　　图5-55　浪漫型风格　　　　图5-56　时尚型风格

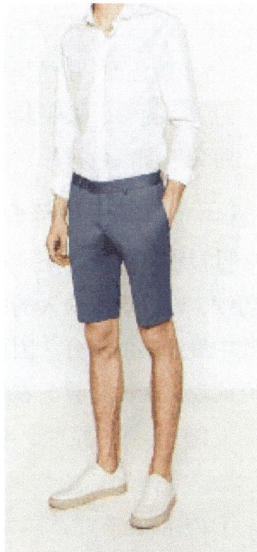

▶▶ 三、男士服饰搭配色彩观点

男士服饰搭配和女士服饰搭配有很多的不同，女士服饰讲究款式多变和时尚，男士服饰则讲究合身、款式经典大方，简单永远讨好。干净利落的男士总是比较养眼的。不要盲目跟随流行，一定要选择适合自己的服装，而且要正确地搭配。下面讲解男士服饰搭配的原则。

（一）男士服装搭配的颜色原则

白色、黑色、米色，这三种颜色被称为"百搭色"。也就是说它们与任意的颜色搭配都是合理的，因此购买服饰的时候如果不知道买什么颜色好，那么选择这些颜色总不会出错。注意男士正装的色彩应该是深色系的，如图5-57所示。

（二）以西装为核心的搭配

（1）颜色鲜艳的西装应搭配灰色、黑色、白色或同类

图5-57　男士正装

色高明度的衬衫。

（2）暗色西装搭配浅色衬衫。

（3）淡色西装搭配花色或条纹、格类衬衫。

（4）纯色的西装搭配条纹的衬衫，系纯色或小图案领带。

（5）条纹西装搭配纯色衬衫，系小图案领带。

（6）深色西装搭配浅色衬衫，系深色领带。

（7）浅色西装搭配深色衬衫，系浅色领带。

西装、衬衫、领带颜色不能过于接近，如全黑、全蓝都是错误的搭配。如果穿了一件黑色西装搭配深色衬衫，那么领带一定要是浅色的，反之亦然。

（三）以领带为核心的搭配

衬衫和领带的搭配是一门学问，若搭配不妥，则可能破坏整体的感觉，但是如果搭配得巧妙，则能抓住众人的眼光，而且显得别出心裁。领带永远是起主导作用的，因为它是服装中最抢眼的部分。因此，应该首先把注意力集中在领带与西装上衣的搭配上。以比较讲究的观点看，西装上衣的颜色应该成为领带的基础色。

（1）用补色原理，要想引人注目，可用蓝衬衫搭配红色领带，很醒目，如图5-58所示。

（2）同色搭配，同为卡其色，如图5-59所示。男人若穿同色系西装、衬衫和领带，质地都要好，会显得很高贵。

图5-58 补色原理

图5-59 同色搭配

（3）明暗对比，如图5-60所示。粉衬衫配蓝领带，明暗的对比也很醒目。

（4）果绿色搭配，如图5-61所示。属于补色搭配，果绿配紫色，显得时髦、前卫。

（四）以衬衫为核心的搭配

1. 纯色衬衫

无论何种体型，纯色衬衫尤其是白衬衫都是绝对必需品，搭配任何颜色的西装，效果都很好，也容易给人以有朝气、干净的感觉，但是一定好注意衬衫的保养。

图5-60　色彩接近

图5-61　果绿色搭配

2. 条纹衬衫（见图5-62）

一般而言，只要条纹的间距不过大，线条不过粗，都是可以接受的。最安全的条纹间距应小于1厘米，并规则排列，线条宽度极细。

3. 格子衬衫（见图5-63）

就像选择条纹衬衫一样，格子的面积不能过大，细小、保守即可，但若格子的面积过大，休闲味道便更浓厚，不太适合在工作等正式场合穿着。

4. 衬衫与体型

如果是比较高大且胖的身材，那么过于明显的条纹、格子图案就不适合；如果是中等身材，可选择挺度与厚度较高的布料衬衫；如果是上身瘦、下身偏胖的身材，选择条纹、格子衬衫会十分适合；如果是矮胖身材，那就最好选择素色的衬衣。

图5-62　条纹衬衫

图5-63　格子衬衫

第六章

着装的TPO原则及职场服饰搭配

第一节 着装的TPO原则

着装的TPO原则是全世界通行的着装打扮的最基本的原则。TPO是三个英语单词的缩写，它们分别代表时间（Time）、地点（Place）和场合（Occasion），即着装应该与当时的时间、地点和所处的场合相协调。

它要求着装要与时间、季节相吻合，以和谐为美，符合时令；要求着装与所处场合环境，与所处国家、区域、民族的习俗相吻合；要求着装符合着装人的身份；要求根据不同的场合与交往对象选择服饰，给人留下良好的印象。具体如下。

》》一、时间原则

不同时段的着装规则对女士尤其重要。男士有一套质地上乘的深色西装或中山装足以应付很多场合，而女士的着装则要随时间而变换。白天工作时，女士应穿着正式套装，以体现专业性；晚上出席鸡尾酒会就须多加一些修饰，如换一双高跟鞋，戴上有光泽的佩饰，围一条漂亮的丝巾；服装的选择还要适合季节、气候的特点，保持与潮流大势同步。

》》二、地点原则

在自己家里接待客人，可以穿着舒适但整洁的休闲服；如果是去公司或单位拜访他人，穿职业套装会显得更专业；外出时要顾及当地的传统和风俗习惯。

》》三、场合原则

人们应根据特定的场合搭配适合、协调的服饰，从而获得视觉和心理上的和谐感。参加庄重的仪式或重要的典礼等重大公关活动，着一套便服或打扮得花枝招展，会使公众感觉你没有诚意或缺乏教养，而从一开始就对你失去信心。我们应事先有针对性地了解活动的内容和参加人员的情况，或根据往常经验，精心挑选和穿着合乎特定场合气氛的服饰。

总之，不同的时间、地点、场合对服饰有不同的要求，只有与当时的时间、地点、场合气氛相融洽的服饰，才能产生和谐的审美效果，实现人景相融的最佳效应。

》 一、女士TPO着装

（一）工作场合

在比较正式的工作场合，女性应选择正式的职业服装。在十分正式的场合，要以西装套裙为主；在比较正式的场合，可选用简约、品质好的上装和裤装，并配以高跟鞋；在比较宽松的场合，虽然可以在服装和鞋的款式上稍做调整，但切不可忽视职业特性。在比较宽松的职业环境里，可选择造型感稳定、线条明快、富有质感的服饰。服装的质地应尽可能考究、不易皱褶，色彩应纯正。服装应以舒适、方便为要务，以适应工作强度。办公室服饰的色彩不宜过于夺目，应尽量与办公室的色调、气氛保持和谐，并与具体的职业相吻合，忌用暴露、花哨、反光的服饰。

外出职业装服装款式应更注重舒适、简洁、得体，要便于走动，不宜选择过紧、过宽松、不透气或面料粗糙的服饰。外出工作时，服装风格也不要有过于强烈的表现欲；色彩不宜复杂；着装应与发型、妆容、手袋、鞋风格相统一；佩戴饰品不宜夸张；手袋宜选择款型稍大的公务手包，也可选择优雅的电脑笔记本公文包。

（二）社交场合

晚装服饰的特色、款式和变化较多，需根据不同的场合和需求的风格而定。闪亮的服饰是晚装永恒的风采，但全身除首饰之外的亮点不得超过两个。晚装多以高贵优雅、雍容华贵为基本着装原则。西式晚装多为开放型，强调美艳、光彩夺目；中式传统晚装以旗袍为主，注重表现女性端庄、文雅、含蓄、秀美的姿态。晚装既要讲究面料的品质，也要讲究配饰的品质，好的配饰品质可以烘托女士的社会形象和生活品质。

公务礼服的品位和格调具有代表性和典型性。服饰的优良品质是最为重要的。色彩应以黑色和贵族灰色为主色调，忌用轻浮、花哨的时尚色系。做工要精致、得体，并应特别注意选配质地优良的鞋子。配饰应小巧而精美，服饰和配饰的重点是衬托女性高雅、迷人的气质。手袋是身份的显要体现，应选择质地优良、色彩搭配和谐、款式简洁的精美手袋。

（三）休闲场合

休闲服具有生活服饰和职业服饰的双重性，也是一些轻松的职业场所适用的服饰。舒适、大方是休闲服的基本特点，能体现女性的成熟和优雅。休闲服还可充分体现回归大自然的生活理念，展示女性的坦诚、自由和从容。休闲服的面料大多是优质的天然材料，色彩亲切、柔和，易于吸汗，不需熨烫。

外出度假收拾行装时，休闲与否是我们挑选随身衣物的重要标准。我们出游的目的是为了放松精神，调整自我。在服饰的搭配上，应该像家居着装一样，以个人的舒适为宗旨；还要结合周围的环境，让别人也感到自然、融洽，如夏季去海边，可以穿上飘逸的长裙，配上短袖或无袖的短衫，颜色以清新淡雅为宜。当然，着装与年龄、气质、个人喜好充分结合更重要。

》》 二、男士TPO着装

（一）工作场合

在比较正式的工作场合里，男性应选择正式的西装。从肤色角度考虑，中国人在社交场合，宜选择深蓝、深灰、黑灰色西装，这些颜色不仅端庄、儒雅，而且能将面色衬托得更有光彩。

1. 穿着西装应遵循以下礼仪原则

（1）西装套装上、下装颜色应一致。在搭配上，西装、衬衣、领带其中应有两样为素色。

（2）穿西装套装必须穿皮鞋，便鞋、布鞋和旅游鞋都不合适搭配西装。

（3）配西装的衬衣颜色应与西装颜色协调，且不能是同一色。白色衬衣配各种颜色的西装效果都不错。正式场合男士不宜穿色彩鲜艳的格子或花色衬衣。衬衣袖口应长出西装袖口1～2厘米。穿西装在正式、庄重的场合必须打领带，其他场合则不一定。打领带时衬衣领口扣子必须系好，不打领带时衬衣领口扣子可解开。

（4）西装纽扣有单排、双排之分，纽扣系法也有讲究。双排扣西装应把纽扣都扣好。单排扣西装如果是一粒扣的，系上端庄，敞开潇洒；如果是两粒扣的，只系上面一粒扣洋气、正统，只系下面一粒则不合规范要求，全扣上则显得土气，都不系敞开穿则显潇洒、帅气；如果是三粒扣的，系上面两粒或只系中间一粒都合乎规范要求。

（5）西装的上衣口袋和裤子口袋不宜放太多东西。穿西装内衣不要穿太多，春秋季节只配一件衬衣最好，冬季衬衣里面也不要穿棉毛衫，可在衬衣外面穿一件羊毛衫。穿得过分臃肿会破坏西装的整体线条美。

（6）领带的颜色、图案应与西装相协调。系领带时，领带的长度以触及皮带扣为宜。领带夹应在穿西装时使用，也就是说仅单穿长袖衬衫时没必要使用领带夹，更不要在穿夹克时使用领带夹。穿西装时使用领带夹，应将其别在特定的位置，即从上往下数，在衬衫的第四与第五粒纽扣之间，将领带夹别上，然后扣上西装上衣的扣子，从外面一般看不见领带夹。因为按照妆饰礼仪的规定，领带夹的主要用途是固定领带，如果稍许外露还说得过去，如果把它别得太靠上，就显得过分张扬了。

（7）西装袖口的商标牌应摘掉，否则不符合西装的穿着规范，高雅场合会让人贻笑大方。

（8）注意西装的保养。保养存放的方式对西装的造型和穿用寿命影响很大。高档西装要吊挂在通风处并常晾晒，注意防虫与防潮。有皱褶时，可挂在浴后的浴室里，利用蒸气使皱褶展开，然后再挂在通风处。

男性出席正式场合穿西装，要坚持三色原则，即身上的颜色不能超过三种颜色或三种色系（皮鞋、皮带、皮包应为一个颜色或色系），不能穿尼龙丝袜和白色的袜子。

2. 色色相配——根据肤色选择衬衫颜色

（1）肤色偏黄：少选黄色、绿色、紫色、灰色系衬衫，宜选深蓝色、深灰色、暖色、中性色等色系的衬衫。

（2）脸色较暗：可选浅色系、中性色系的衬衫。

（3）肤色黑：颜色勿过深、过浅，宜选用与肤色对比不明显的粉红、蓝绿色系衬衫，忌用色调明亮的黄橙色或则色调极暗的褐色、黑紫色系衬衫。

（4）脸色苍白：忌穿绿色衬衫，绿色更显病态。

3. 行行相关——衬衫的职业选择性

（1）金融行业精英：以强调同客户的互动和交流、能反映职业要体现的干练及效率为佳。推荐素色暗提花、条纹细密、颜色淡雅的高档品质面料的衬衣。

（2）政府官员、律师：自身形象代表部门形象，着装以能反映职业本身要体现的信任度为佳，适合选择颜色素净、款式简洁、品质高档的衬衫，推荐显品质高档的淡雅的纯色或素雅的条纹、格纹衬衫。

（3）IT互联网：谈业务时宜西装革履，平时可采用偏个性、时尚的自由装扮。在衬衫的选择上可选择时尚、个性的款式，面料可选择色彩丰富、富于变化的条纹面料衬衫来体现这个行业的思维活跃性。

（4）外企人员：可选择流行、时尚、知名的品牌，外企人员服装自主多元化，可选择颜色时尚的高质衬衫，如浅紫色斜纹面料的衬衫就是不错的选择。

4. 量体选衣——衬衫与体型的搭配

（1）体型肥胖的男士：宜用深色、冷色调的颜色，推荐深色竖条纹面料，忌用浅色及格纹、条纹面料。

（2）瘦削的男士：宜用有膨胀扩张感的淡色及暖色，忌用高明度暖色，图案宜选横条纹。

（3）肩窄的男士：上装宜选择浅色横条纹衬衫增加宽度感，下装可选择深色以衬托肩部厚实。

（4）臀部过大，腿短的男士：衬衫宜选用比下装色彩明亮、图案显眼的衬衣，下装宜选择深色的。

（5）正常体型的男士：搭配协调即可，衬衫选择自由度大。

（二）社交场合

重要社交活动应选面料品质精美、有艺术感，颜色最好是深色的西装，以体现庄重感。面料推荐用纯色、有暗纹或精美提花的。衬衫的款式可选择英式正装衬衫、法式正装衬衫、礼服衫。

正式商务社交场合可选择高档纯棉面料，颜色宜选比较干净的素色，图案可选比较清爽的条纹、格纹，以体现沉稳和质感，彰显品位。

（三）休闲场合

休闲场合即非正式场合，着装不应沿用正式场合的风格，西裤衬衫的打扮会让人觉得太严肃，不亲近。在出游、访友之类的场合，穿着可以较休闲，可以穿T恤或POLO衫，然后搭配一款合适的裤子即可。

面料可以根据个人气质选个性时尚的颜色和偏休闲的式样以表现轻松感。款式可选择英式正装衬衫或休闲衬衫等。

休闲居家衬衫适合选用舒适的纯棉面料，纯色或条纹、格纹的款式都可以选择。但如果要摆脱平常职场的束缚感，条纹、格纹的色彩、图案可以选择色彩丰富、格纹较大的款式，休闲意味会浓厚很多。

第二节　女士职场着装搭配

》 一、职场女士着装技巧

（一）技巧一：打扮得庄重大方

此技巧（见图6-1）适合的职业人群为从事教育、文化、咨询、信息等工作的职场女士。

现在，职场女士的着装正变得飘逸、软柔，渐渐走出"女强人"的模式。衬衫款式以简单为宜，与套装配衬，可以选择白色、淡粉色、格子、条纹等富于变化的衬衫样式。在着装的整体色彩上，可以考虑灰色、深蓝、黑色、米色等较沉稳的颜色，给人以干练、朝气、充满亲和力与感染力的印象。考虑到职场女士一天近8小时需要面对公众，必须始终保持衣服的整洁。因而，应当尽量选用那些经过处理、不易起皱的丝、棉、麻等面料。

图6-1　庄重大方的搭配

（二）技巧二：打扮得成熟含蓄

此技巧（见图6-2）适合的职业人群为从事保险、证券行业的人员，以及律师、公司主管、公共事业和政府机关公务员等的职场女士。

图6-2　成熟含蓄型的搭配

许多职场女士着装的原则是专业形象第一，女性气质其次，以便在专业人士及女性两种角色里取得平衡。

不同质地和剪裁的西装西裤，能穿出不同的感觉。西装和西裤的搭配，显得成熟稳重、帅气潇洒、自由豪迈。优雅、利落的套装，给人的印象是井然有序。颜色仍应以白、黑、褐、海蓝、灰色等基本色为主。若嫌色彩过于单调，不妨扎条丝巾，或在套装内穿件亮眼、质轻的上衣。连衣裙适合身材窈窕的女士，常见的连衣裙款式如套裙，长度或长或短，没有太多的限制。

（三）技巧三：打扮得素雅端庄

此技巧（见图6-3）适合的职业人群为从事科研、银行、商业、贸易、医药和房地产等行业的职场女士。

职场女士的穿着除了因地制宜、符合身份、清洁、舒适外，还须以不影响工作效率为原则，才能适当地展现女士的气质与风度。例如，女士的衣着如太暴露，则很不雅观，自己时常要瞻前顾后，影响女性的工作效率。

因此，职场女士的上班服应注重流行感，但又不能损及专业形象。挑选上班服的原则是在流行中略带保守，太薄或太轻的衣料，会有不踏实、不庄重之感。衣服样式宜素雅，花色则应挑选规则的图案或花纹，如格子、条纹、人字形纹等。

图6-3 素雅端庄的搭配

二、女士职业装色彩搭配原则

要将任何一种颜色穿出最佳效果，就要讲究搭配，工作服也不例外，恰到好处地运用色彩的观感，不但可以修正、掩饰身材的不足，而且能强调突出你的优点。例如，上轻下重的体型，宜选用深色轻软的面料的裙或裤，削弱下肢的粗壮感。身材高大丰满的女士，在选择搭配的外衣时，亦可选择深色。

常见的女士职业装色彩搭配分为对比色搭配和协调色搭配两种。

（一）对比色搭配

1. 强烈色配合

这种配色指两个在色相盘中相隔较远的颜色相配，如黄色与紫色、红色与青绿色。这种配色比较强烈。而在日常生活中，我们更常看到的是黑、白、灰与其他颜色的搭配。黑、白、灰为无色系，所以，无论它们与哪种颜色搭配，都不会出现大的问题。一般来说，同一个色与白色搭配会更显明亮；与黑色搭配时则显得昏暗。因此在进行服饰色彩搭配时应先衡量一下，你是为了突出哪个部分的衣饰。

2. 补色配合

这种配色指色相盘中两个相对的颜色的配合，如红与绿、青与橙、黑与白等，补色相配能形成鲜明的对比，有时会收到较好的效果，黑白搭配是永远的经典。

（二）协调色搭配

（1）同类色搭配

同类色搭配指深浅、明暗不同的两种同一类颜色相配，如青配天蓝、墨绿配浅绿、深红配浅红等，同类色搭配的工作服显得柔和、文雅。

（2）近似色相配

近似色搭配指两个比较接近的颜色相配，如红色与橙红或紫红相配，黄色与草绿色或橙黄色相配等。职场女士活动的场所主要是办公室，需要营造沉静的气氛，低纯度的色彩可使工作的人专心致志，平心静气地处理各种问题。工作服穿着的环境多在室内有限的空间里，人们总希望获得更多的私人空间，穿着低纯度的色彩会增加人与人之间的距离，减少拥挤感。纯度低的颜色也更容易与其他颜色相互协调，有和谐、亲切之感，有助于形成协同合作的格局。另外，我们可以利用低纯度色彩易于搭配的特点，将有限的衣物搭配出丰富的组合。同时，低纯度的色彩给人以谦逊、宽容、成熟之感，借用这种色彩语言，可使职场女士更易受到他人的重视和信赖。

（3）白色的搭配原则

白色可与任何颜色搭配，但要搭配得巧妙，也需费一番心思。白色下装配条纹的淡黄色上衣，是柔和色的最佳组合；下身着象牙白长裤，上身穿淡紫色外套，配以纯白色衬衣，不失为一种成功的配色，可充分显示自我个性；象牙白长裤与淡色休闲衫配穿，也是一种成功的组合；白色褶折裙配淡粉红色毛衣，能给人以温柔飘逸的感觉。此外，红白搭配是大胆的结合，上身着白色休闲衫，下身穿红色窄裙，显得热情潇洒。在运用白色进行搭配时，白色的分量越重，看起来越柔和。

（4）蓝色的搭配原则

在所有颜色中，蓝色工作服最容易与其他颜色搭配。不管是近似于黑色的蓝色，还是深蓝色，都比较容易搭配，蓝色具有紧缩身材的效果，极富魅力。生动的蓝色搭配红色，使人显得妩媚、俏丽，但应注意蓝、红比例。近似黑色的蓝色合体外套配白衬衣，再系上领结，出席一些正式场合，会使人显得神秘且不失浪漫。曲线鲜明的蓝色外套和及膝的蓝色裙子搭配，再以白衬衣、白袜子、白鞋点缀，会透出一种轻盈的妩媚气息。蓝色外套和蓝色背心搭配细条纹灰色长裤，又会呈现出一派素雅的风格。蓝色外套配灰色褶裙，是一种略保守的组合，但这种组合再配以葡萄酒色工作服和花格袜，会显露出一种个性感，使搭配变得明快起来。蓝色与淡紫色搭配，给人一种美妙的感觉，如蓝色长裙配白工作服是一种非常普通的打扮，再穿上一件高雅的淡紫色的小外套，便会平添几分成熟都市气息；上身穿淡紫色毛衣，下身配深蓝色窄裙，即使没有花哨的图案，也可在自然之中流露出成熟的韵味。

（5）褐色搭配原则

褐色与白色搭配，可给人一种清纯的感觉。褐色及膝圆裙与大领工作服搭配，可体现短裙的魅力，增添优雅气息；选用保守、素雅的栗子色面料做外套，配以红色毛衣、红色围巾，鲜明生动，俏丽无比；褐色毛衣配褐色格子长裤，可体现雅致和成熟。褐色厚毛衣配褐色棉布裙，通过二者的质感差异，可表现出穿着者的个性。

（6）黑色的搭配原则

黑色是百搭的色彩，无论与什么色彩放在一起，都会别有一番风情，和工作服搭配也不例外。即使在非工作日，上身穿件黑色的印花T恤，下身穿及膝A字裙，脚上穿彩色条纹的平底休闲鞋，也会令整个人看起来格外舒适，充满阳光的气息。其实，不穿裙子也可以，换上一条纯棉的休闲裤，依然前卫，青春逼人。

》》 三、职场女士搭配服装的基本原则

1. 穿出属于自己的个性

搭配服装时，不是其他人觉得这件衣服好看就穿，穿衣服讲究的是能穿出自己的个性、自己的风格，这样才能更好地突出自己的品位。

2. 符合自己的气质很重要

能将自己的性格、气质用合适的衣服表现出来是非常不错的，也是很聪明的做法。

3. 运动鞋也很不错

很多人认为，办公室就必须穿皮鞋，其实不然。如果你从事的是IT行业，那么穿运动鞋上班也是个不错的选择，因为这个行业讲究的就是自由、轻松的工作氛围。

4. 面试的时候不要跟别人撞衫

这要求你的穿衣风格不能太大众化，以便在人群中脱颖而出，但也不是要穿奇装异服，只是需要在选择面试服装时尽可能地多元化。

5. 女士穿衣搭配也可以多样化

现在越来越多的职场女士在发挥着越来越重要的作用，但很多人还停留在过去的看法，认为女士必须穿中规中矩的职业套装。其实不然，只要适合自己即可。

6. 场合很重要

如果今天需要见一位德高望重的领导，那么就需要穿得比较正式、传统；但如果今天

见得是非常时尚的商业"大咖"，就需要穿潮流感比较强的服饰，以便拉近彼此的距离，可见场合影响着服装的搭配。

7. 配饰也很重要

职场穿衣也讲究配饰搭配，有时候一件小小的配饰能为整体着装加分，给人留下深刻、美好的印象。

8. 衣服质量需考虑

同一个款式的衣服，质量可以分出档次。可见，选择质感好的衣服是非常重要的，一来突显品位，二来让人更具魅力。

9. 化妆

化妆可以让女士更具魅力，但不宜"浓妆艳抹"。过度打扮会让人感到做作，过于简单则会让人感到随便，总之一个原则，每天的打扮必须要适合当天要见的人，符合他们的身份和专业度。

10. 发型和指甲

随着女士年龄的增长，头发也应该相应剪短一些，一般来说，女士在30～35岁，最多把头发留到肩部。在职场，女士染指甲司空见惯，但指甲油的颜色不应该选得太亮丽，以免使别人的注意力只集中在指甲上，选一些和唇膏相配的颜色或透明色的指甲油，是比较能被大众接受的。

此外，无论选择什么款式的衣服或妆容，一定要自信，如果自己都没有信心，别人更不可能觉得好看。在职场上，有一句老话："为你想要的职位穿衣，而不仅为现在的职业要求穿衣"。

四、不同风格女士职业装搭配

（一）贵族气质

基本款式：职业装套裙。

职业装的内衬丝质吊带上衣可以有些纤细的绣花。粗犷的呢料和软玉温香般的丝绸搭配在一起，贵族气质不言而喻，如果再搭配一条高开衩毛呢制服裙，那就更完美了。这样的搭配适合工作环境比较自由的单位，也适合主管穿着，裙子最好及膝，如图6-4所示。

（二）休闲装扮

基本款式：西裤职业装搭配衬衣。

笔挺的西裤看似古板，其实能突出臀腹部

图6-4 贵族气质

线条，突显腿的修长，搭配白色或深蓝色细格的棉质衬衫，修身的设计，内衬白色吊带背心，休闲又职业。

（三）简约打扮

基本款式：针织毛衫搭配职业装长裙。

针织服饰有着良好的穿着感受，简洁中有一种奢华感，耐人寻味。选择时，剪裁是最重要的，宽大的休闲毛衫，不适合写字楼环境，而合身小巧的款式才是白领们的最爱。斜肩设计的黑色羊绒衫，出席酒会和平时上班都是十分适合的。浅灰色的小洋装搭配同质地的七分裙，可打造既有活力又成熟的上班族形象，如图6-5所示。

图6-5　简约打扮

（四）简单制服

基本款式：衬衣搭配职业长筒裙。

这其实是一种很安全的搭配（如果筒裙紧身又超短的话，则另当别论）。筒裙坐下来后裙长应在膝盖上方，不要露出大腿，站立时裙子盖住膝盖，给人以端庄、优雅的感觉，如图6-6所示。如果觉得传统筒裙太板正，可以开一个高高的斜衩，突出美丽时髦的感觉；也可以选择贴身的羊绒衫，想要端庄些，不妨外加一件职业装马甲或开襟衫。

图6-6　简单制服

（五）干练职业装

基本款式：职业装搭配西裤。

不同质地和剪裁的套装，能穿出不同的感觉。总的来说，职业装和西裤的搭配，帅气潇洒，自由豪迈，如图6-7所示。

图6-7　干练职业装

（六）自由风格

基本款式：牛仔裤搭配套头衫或衬衫。

随着休闲风的盛行，一时间，牛仔裤、T恤、运动鞋、套头衫都纷纷出现在职业装扮中，休闲并不代表随便，以符合场合为前提来搭配休闲自由风格的装扮，可拉近与他人的距离，如图6-8所示。

图6-8　自由风格

（七）含蓄装扮

基本款式：职业装连衣裙。

装扮含蓄的职业装连衣裙适合身材窈窕的女士穿着。办公室常见的职业装连衣裙款式类似套裙，长度有长有短，没有太多的限制，如图6-9所示。有的露肩黑色连衣裙，长度及踝，流畅而华丽的线条令身体的美无言地展示出来。黑色适合成熟、含蓄的女士，这样的服装可以出现的场合比较多，服装的质地最好是挺括一些的面料，上班时也可以外搭黑色或棕色的开襟衫。

（八）其他搭配

1. 风衣+蕾丝连衣裙+尖头单鞋

白色蕾丝连衣裙外搭一件粉色或驼色的中长款风衣，穿着优雅的尖头细跟单鞋，是很休闲、舒适的职场搭配，适合对服装要求不太严格的职业的女士。

图6-9　含蓄装扮

2. 小西装外套+蕾丝打底衫+蕾丝边半身裙+高跟鞋

气质一粒扣职场小西装外套搭配白色蕾丝打底衫和黑色蕾丝边半身裙，显得非常优雅迷人。穿上黑色尖头高跟鞋，在职场散发光彩。

3. 黑色连衣裙+尖头高跟鞋

黑色修身连衣裙，搭配白色腰带可起到显瘦、显高的效果，搭配一双镶钻尖头高跟鞋，非常美丽迷人。

4. 白衬衫+休闲裤+黑色高跟鞋

气质简约的白色衬衫，搭配一条卡其色的休闲长裤，系上棕色皮带，穿双时尚的黑色高跟鞋，优雅大气，显得人干练、自信。

5. 蝴蝶结衬衣+包臀裙+丝袜+单鞋

简约的蝴蝶结衬衣搭配同样有气质的包臀裙，十分有时尚气息，简单、大方又具有妩媚感。

》 五、职场女性着装禁忌法则

1. 忌过于时髦

现代女性对流行和时尚的追逐是可以理解的，毕竟爱美是人的天性。但是切记不要过于盲目地追求时髦，如一个行政女职员，指甲上涂了几种颜色的指甲油，当她和人交谈的时候，总是不自觉地把手在别人面前晃来晃去，给人的感觉是轻浮、不可靠的。在办公室工作时不同于休闲时刻，我们要展示的是工作能力，而不是外表。

2. 忌过分暴露

夏季是女士"争奇斗艳"的季节，很多女士不顾自己的身份，穿着暴露，这样不但不会引起别人的认同和注意，而且容易被人认为很轻浮。

一般来说，职场女士的裙长至少应盖住大腿的三分之二。简约的职业装会带给他人大方得体的感觉，并能提升你在同事眼中的整体形象分。

3. 忌过分随意

随随便便的T恤，再加上泛白的"破"牛仔裤，这样的着装显得过分随意，丝毫没有考虑公司的整体形象，十分不得体。另外，按照现代礼仪规则，只有在穿长裤的时候才可以穿短丝袜，很多女性不注意这一点，以短裤配短丝袜，这是不适宜的行为。

4. 忌过分保守

虽然职场着装最好是以黑、白、灰、蓝、咖啡色为主，但是如果运用得不够好，会给人沉闷、难以接近的感觉，所以建议职场女士在运用黑、白、灰、蓝、咖啡色时，选择一些明亮的颜色来搭配，让自己显得既有亲和力，又端庄大方。

5. 忌过分生活化

虽然很多衣服在平时看起来很出色，但并不一定适合上班穿。例如，冬天羽绒服搭配慵懒、厚重的毛衣虽然舒服、温馨，但装扮看起来显得不精神，如果我们在毛衣上加一条职业化的腰带，则会产生较好的效果。

6. 忌配饰乱用

配饰在整个搭配中能起到画龙点睛的作用。但如果这个"睛"如果点得不好，反而会起反作用。太长、太大的耳环都不适合在职场佩戴；眼镜可以体现人的知性气质，但容易降低佩戴者的亲和力；手提包很重要，切记将手提包塞得满满的。

7. 忌穿着不分场所

什么样的场合适合穿什么样的服装，这是必须要了解的。例如，露肩背心款式就不应出现在工作中，如果你的职位比较高，更要注重这一点。拜访客户的时候，最好选择职业套装或套裙；参加一些周年庆典、行业宴会时，那就需要穿晚礼服了。

8. 忌衣服颜色过多

在办公室，衣服的颜色过多，会让人感觉你太过于张扬，不够严谨，也会让他人怀疑你的品位。此外，色彩搭配不协调，会非常影响你的交际效果，因此，要多注重色彩的协调性。

9. 不会选择合适的鞋子

虽然说工作场所不必要弄得过于拘谨，但露出脚趾的鞋还是尽量不要穿，会给人感觉过于随意。尖头鞋与方头鞋是不错的选择，既显时髦，又能给人稳重的感觉。鞋跟高度最好选择3～4厘米，颜色要跟衣服颜色一致或更深一些，黑色、藏青色、灰色、灰褐色等都是不错的选择，尽量不要穿红色、粉色、黄色的鞋子。

六、面试女士着装搭配

面试给人留下的第一印象非常重要，因为它一旦形成便很难改变。一般公司对面试者的着装没有要求；即使有要求，也都是要求面试者着正装。对于女士来说，正装分为西装和套裙，面试者可以根据季节和穿衣习惯进行选择。在款式上尽量选择线条简单的。在颜色上，尽可能选择淡雅的，与自己的年龄相符的。对于没有要求的公司，面试穿着则本着大方得体即可。

（一）化妆篇

（1）面试宜化清爽自然、明快轻松的淡妆，会使面色看起来红润、有朝气，让人显得更有亲和力。

（2）发型要中规中矩，如果是长头发，最好束起来，如果散开，一定要清爽、干净。

（3）不宜擦拭过多、过浓的香水。

（4）不要染夸张的指甲油，指甲一定要保持整洁。

（二）衣着篇

（1）在衣着选择上，套装和连衣裙是比较正式的。女式套装在选配方面较男士西装更为讲究，也更为繁复。但不论什么季节和地区，如果只买一件套装，深色套装是最稳妥、最保险的。

（2）穿过短的裙子、暴露的上衣参与面试会让人觉得不礼貌。裙装长度应在膝盖左右或以下，太短有失庄重。

（3）在夏天，一些女士都会穿着丝袜，不可避免的是丝袜很容易钩破，所以在面试时要多带一双，避免穿着破洞丝袜的尴尬。

（4）面谈时应穿着高跟鞋，最好避免穿平底鞋。鞋跟以3~5厘米为宜。

（三）饰品篇

（1）结婚戒指、订婚戒指总是合适的，但要避免同时戴几个戒指。同时，小巧的耳环十分容易被人接受。身体的其他部位则应尽量不佩戴过分夸张的珠宝。

（2）面试时可带公文包或大钱包呢，可以带一个，不能两个都带。公文包要比钱包更显正式。

（3）戴一个好项链来突出套装式样也很好，但不要戴假的或华而不实的珠宝项链。手镯也是这样。不要佩戴刻有自己姓名的手镯和珠宝。

第三节　男士职场着装搭配

》一、男士职场着装技巧及必备单品

（一）男士职场着装技巧

（1）永远不要系上西装外套的最后一颗纽扣。

（2）在正式场合不要单独穿衬衫，衬衫的下摆不要从西装下面露出来，一定要放到裤子里面。

（3）衬衫的袖口一定要从西装的袖口中露出。"衬衫露出袖口"已经是众人皆知的着装规定了。西装作为男士最为昂贵的服装投资之一，其用料较为昂贵，所以更加需要其配套的内衣——衬衫来保护。为了保证西装的袖口能够得到最好的保护，最保险的方法就是让衬衫的袖子比西装长，让衬衫从西装袖口中露出，彻底隔绝西装袖口与皮肤的摩擦。此外，据研究表明，衬衫的袖口露出西装袖口，这种两截的表现形式有利于使手臂显得更加修长，使男士西装更加有型。

（4）裤子一定要烫出笔挺的裤线。刚从干洗店拿回来的长裤，其侧边那两条直挺挺的折线，更添从容、淡定的感觉。

测量你是否买到了一条合体的西裤，关键看裤腰合不合适。只要在穿好裤子后，在自然呼吸的情况下不松不紧地刚好伸得进去一只手掌，这就说明裤腰是合适的。如果伸不进去一个手掌则表示裤子瘦了。如果能伸进一个拳头则说明裤子肥了。西裤的裤腰可修改的幅度是有讲究的，往小里改最多只能改5厘米，往大里改不能超过8厘米。如果超出这个范围就会改变裤子原来的形状。

裤管也有讲究，裤管的中折线一定要不偏不倚、笔直而自然地垂到鞋面，只有这样，中折线才能撑出裤管英挺的质感。裤子的长度从后面看应该刚好到鞋跟和鞋帮的接缝处。如果想让腿看起来更修长，那么裤管的长度也可以延伸到鞋后跟的1/2处。

另外，在买皮带的时候，皮带一定要比裤子长5厘米，也就是说如果你穿35号的裤子，那么皮带就应该买36号的。

（5）袜子要足够长不能露出小腿。

（6）不要过分凸显皮带如图6-10所示，右图明显更美观。

图6-10　皮带不要过于明显

如果你对自己身上的衣服有些拿不准，不妨对照以下几点自查一遍（见图6-11）。

（1）穿西装配领带时，领带的标准结法应是扎实的倒梯形。

（2）忌衬衫领子太大，领脖间应存在间隙。

（3）忌西装袖子比衬衫长，西装袖子应比衬衫袖子短1厘米左右。

（4）着西装，衬衫袖子应扣纽扣，衬衫下摆放在西裤内，西装里面忌穿过多羊毛衫或毛衣，以免显得臃肿。

（5）忌西装上下口袋内有过多的杂物，使口袋鼓囊囊。

（6）如果西装是单排双粒扣，其第二粒扣是样扣，故忌全部扣上，一般只扣第一粒或两粒都不扣。

（7）若是双排扣西装，一般应把纽扣全部扣上，也可以只扣中间一粒或都不扣。

（8）标准的西裤长度为裤管盖住皮鞋，手不能常插在裤袋内。皮鞋和鞋带、袜子颜色应协调，袜子的颜色应比西装颜色深。

（9）衣着得体的男士，绝对不要在两天中穿着同一套衣服或同一双鞋，交替穿着会有利于衣服恢复板型，利于长久保持西装板型。

图6-11　西服的正确穿法

（二）男士职场搭配必备单品

1. 衬衫

每一个初入职场的男生都应当有至少2件合身得体的衬衫。衬衫应花样简单，款式经典，颜色可以是纯白的、灰色的、黑色的，可以带一些暗花纹，注意一定要剪裁合身、做工精细、质感舒适如图6-12所示。这类的衣服低调却往往最能显现一个人的品位，包括对生活的品位和对人生的态度。

图6-12　合身的衬衫

2. POLO衫

可以选择色彩艳丽的POLO衫，如绿色、红色、黄色等，这样则能让人显得更时尚，如图6-13所示。POLO衫搭配也很简单，可以配牛仔裤、休闲裤穿。

图6-13　POLO衫

3. 毛衫

毛衫既实用又美观，可以轻松打造出流行的"暖男"形象，是搭配必备单品。毛衫的样式很多，如果体型比较胖最好选择线条比较细、花纹比较简单的毛衫。圆领或V领的毛衫可以内穿衬衣，将衬衣的领子翻出毛衫外，让整体更有层次感。脖子修长的男生可以挑战高领或堆堆领样式的毛衫，很有"韩范儿"。

4. 夹克

如果说有些人不从事比较严肃的职业，不喜欢西装的束缚感，夹克是这类人首选的外套。夹克的样式有很多，如翻领夹克、飞行员夹克、骑士夹克等。要根据自己的体型来选择合适的夹克。如果想要百搭，颜色尽量选用深色，不易与其他颜色冲突，如黑色、灰色、藏青色、咖啡色等。

5. 西装

如果喜欢英伦风，那一定要有一件合身、优质的西装外套，这是绅士必备的。西装可以是休闲款，不一定非得是礼服样式，款式一定要经典，成熟优雅的男士更要有一件有品位的西装才能相得益彰，如图6-14所示。

图6-14　优雅的西装

6. 休闲裤

休闲裤以西裤为模板，在面料、板型方面比西裤随意、舒适，颜色也丰富多彩。休闲裤在日常生活中可以穿着，在一些商业场合，选择好休闲裤的款式和颜色也可以轻松应对。

7. 领带

最早的时候，领带的戴法有严格的要求，必须和西装、皮鞋配套才行。到了现代社会，即便是正装穿法，领带的搭配方法也有多种变化，规则也没那么严格了。不过，作为正装中最醒目的部分，领带也有一些搭配的小技巧。例如，西装、领带、衬衫三者的色调应该是和谐的，而领带是三者中最醒目的；领带的主色调应与衬衫有所区别；领带与外衣同色系时，颜色要比外衣鲜明；领带与西装是对比色搭配时，领带颜色的纯度要降低。当然，也有一些场合上的穿着技巧。例如，穿礼服时领带的颜色应尽可能庄重些，像大花图案、色彩斑斓的则不合适；而黑西装、白衬衫、黑领带是标准的葬礼搭配，日常如果不是为了"耍酷"，需要改变其中一个元素来穿着。

穿银灰、乳白色西装，适宜佩戴大红、朱红、墨绿、海蓝、褐黑色的领带，会给人以文静、秀丽、潇洒的感觉。

穿红色、紫红色西装，适宜佩戴乳白、乳黄、银灰、湖蓝、翠绿色的领带，以显示出一种典雅、华贵的效果。

穿深蓝、墨绿色西装，适宜佩戴橙黄、乳白、浅蓝、玫瑰色的领带，如此穿戴会给人一种深沉、含蓄的美感。

穿褐色、深绿色西装，适宜佩戴天蓝、乳黄、橙黄色的领带，会显示出一种秀气、飘逸的风度。

穿黑色、棕色的西装，适宜佩戴银灰色、乳白色、蓝色、白红条纹或蓝黑条纹的领带，会让人显得更加庄重大方。

领带的系法如图6-15所示。

图6-15　领带的系法

温莎结 –Windsor Kont

双交叉结 –Double Cross Kont

图6-15 领带的系法（续）

8. 领结

在正式场合的晚宴中，需要戴领结。西方人用黑领结和白领结分别指代小礼服和大礼服，足见领结在西方礼服文化中的重要性。如果你出席的是非常正式、隆重的西方场合，一定要记得戴领结。

口袋丝帕指男士正装胸口口袋中的手帕。最初，法国人的手帕有正方形，也有长方形、椭圆形、三角形和多边形，形状五花八门。为了折叠方便，法国国王路易十六在1785年下令，手帕每边长度必须相等，从此定下手帕为正方形的规矩。西装和口袋丝帕的搭配原理与领带一样，大面积深色的西装可以用浅色、鲜艳色彩，或花纹复杂的手帕来搭配，浅色套装则适合几何图形的或白色的手帕。很多人也习惯购买整套的领带和口袋丝帕，用以呼应。一般来说，西装上衣左侧的外胸袋就是留给装饰用的口袋丝帕的，不能再放其他任何东西。

9. 围巾

西装和围巾的搭配，审美完全呈现两个极端。一些人认为西装配围巾很美观，如周润发在《上海滩》中饰演的许文强，白色围巾迎风飘舞，人们纷纷效仿；另外大多数人则认为男士穿正式西装时绝对不能搭配围巾，否则不伦不类，极其"老土"。

➤➤ 二、男性职业装色彩搭配原则

正在职场打拼的男士，如果想在职场取得成功，就一定要学会搭配，让自己的着装看起来更加专业、稳重、值得信赖且有型，正确的搭配衣服与配饰的颜色更是重中之重。

（一）易犯的失误搭配

（1）所有的颜色都选浅色调，如"浅灰色西装+浅蓝色衬衫+淡蓝色领带"。

（2）把很多图案放在一起，如"方格衬衫+条纹西装"。

（3）休闲衬衫（如目前流行的法兰绒格纹衬衫）搭正式西装。

（4）冬天穿柔软的丝质衬衫搭羊毛西装外套。

（5）完全不管颜色的协调性，混搭多种抢眼的颜色。

（二）不失手的搭配准则

（1）"素色西装+素色衬衫+素色领带"，从中找出一件选择鲜艳的颜色，或将两件设置为对比色。最常见的是藏青色西装搭淡紫色衬衫，并选用一条深紫色调的领带。

（2）"素色西装+有图样的衬衫（如细格纹或直条纹）+素色领带"。

（3）"素色西装+素色衬衫+有图样的领带"。

（4）"铅笔条纹西装+素色衬衫+同西装色系或同衬衫色系的素色领带"。选用素色领带有一个重要的要求就是质感要好，略带立体织纹的领带最能显露品位。

为了在千篇一律的衬衫中体现变化，许多男性会选择条纹衬衫，这时除了素色领带外，另一个绝佳的选择是斜纹领带。需要留意的是，衬衫和领带颜色与材质要能搭配，安全的法则是以衬衫色为基底，选择一条与衬衫同色系的斜纹或素色领带。

某些行业人士很习惯穿黑色系西装，并搭配白色衬衫，此时如果想要一点小变化，最适合的方法就是从领带上下手，从单调中表现一点朝气。当然，领带同样可以选黑色调，但领带上最好有规则点状装饰、细斜纹或迷你方格纹等图案变化。

▶▶ 三、职场男性搭配服装的基本原则

职场男士想要给人一种商务的感觉，形象很重要，着装基本上会遵循特定的着装原则。

1. 三色原则

职场中人在公务场合着正装，必须遵循"三色原则"，即全身服装的颜色不得超过三种颜色。如果多于三种颜色，则每多出一种，就多出一分俗气，颜色越多则越俗气。

2. 三一定律

这是指职场中人如果着正装必须使三个部位的颜色保持一致，这在职场礼仪中叫作"三一定律"。具体要求是，职场男士身着西装正装时他的皮鞋、皮带、皮包应基本一色。

▶▶ 四、不同风格男士职业装搭配

1. 灰色西装打造不同形象（见图6-16）

对于新职场人的第一套正式西装，大部分人可能会选择安全的黑色或深蓝色，此时更推荐具有个性与稳重感的灰色西装。灰色西装尤其在青年男士的身上，能展现出更多造型的可能性。

图6-16　灰色西装

2. 针织领带让造型多样化（见图6-17）

如果脱离不了穿衬衫打领带的职场穿着，那么来点创意，搭配一条针织领带也是不错的选择，毕竟青年人初入社会，可以在原有的规范中"玩点新花样"。

图6-17　针织领带

3. 绅士皮鞋给造型多一种选择（见图6-18）

建议职场人投资一双质感优越的皮革好鞋，这是成人优雅品位的象征。虽然黑色是必备基本款，但棕色系可灵活运用于正式与休闲场合，无论是上班搭配西装，还是假日与牛仔裤搭配，都相当潇洒、有型。

图6-18　绅士皮鞋

4. 皮革手表给造型加分（见图6-19）

对上班族来说，手表是影响他人对你第一印象的一个关键点。当然，并不建议初入社会者花费过多购买手表，但职场人应选择比较稳重的皮革表带款式手表，让整体的西装衬衫打扮更具魅力。

图6-19　皮革表

5. 深色牛仔裤增加上班造型多样性（见图6-20）

现在时代在进步，人们的观念也在变化，上班穿着并不一定非要是西装、衬衫加领带的标配，人们有时也会选择用比较休闲的装扮来打扮自己，深色牛仔裤的强大包容性，成为许多人上班着装的首选。深色牛仔裤无论搭配休闲西装还是夹克等都非常和谐，能为整体着装增加可看性，也给上班的男士带来不一样的感觉。

图6-20　深色牛仔裤

6. 香氛适度给形象加分（见图6-21）

图6-21　淡香氛

在职场，除了保持个人清洁外，随身散发一点淡淡的香味，会给人留下更好的印象。不过要记住适度的道理，使用香水时，适量涂抹在双手脉搏及颈部两侧即可，过度的香味会引起更多人的反感。

7. 牛津衬衫增加造型质感（见图6-22）

学院风格的牛津衬衫，其舒适的棉质除了可让人保持斯文的学院气质外，还能在商业气息浓厚的职场中，给人留下优雅的美好印象。除了经典蓝、白和条纹款式外，近年来，牛津衬衫的颜色与设计也越来越多样化。

图6-22　牛津衬衫

8. 托特包好搭配（见图6-23）

在工作场合，也不是非要用严肃的公文包，可以先选择适用公务、通勤、出差等多样场合，可灵活运用的托特包。这类造型简洁、空间又大的托特包，不但符合初入职场的年青人的年轻态度，更重要的是非常实用好搭配。

图6-23　托特包

9. 名片夹细节显品位（见图6-24）

名片夹虽不起眼，但它可是能增加个人质感的单品，是代表个人品位的小细节。仔细挑选一款设计简洁又大方的名片夹，肯定会让你能更有自信。

图6-24　名片夹

五、职场男士着装禁忌

（1）不穿短裤出入办公场合。

（2）不穿紧身牛仔裤。紧身牛仔裤会勾勒出臀部曲线，不适合职场穿着。

（3）不穿大方格子西装。

（4）不穿有细条纹的内衣。让人透过衬衣看到带有细条纹的汗衫有伤大雅。

（5）衣服不要竖起领子。现实生活中由于衣服布料、场合等限制，竖起领子往往并不能取得良好的视觉效果，反而容易显得做作。

（6）职场男士最好不要穿尼龙丝袜，而应当穿高档一些的棉袜，以免产生异味。

（7）职场男士不要穿白色袜子，尤其是职场男性着西装正装并穿黑皮鞋时，如果再穿一双白袜子则显俗气。

六、男士西装着装十戒

（1）通常一件西装的外袋是合了缝的（即暗袋），千万不要随意拆开，它可保持西装的形状，使西装不易变形。

（2）衬衫一定要干净、挺括，不能出现脏领口、脏袖口。

（3）系好领带后，领带尖千万触到皮带上。

（4）如果系了领带，绝不可以穿平底便鞋。

（5）西装袖口的商标一定要剪掉。

（6）腰部不能别手机、打火机等。

（7）在品位尚未修到家之前，穿西装时不要穿白色袜子，尤其是深色西装。

（8）衬衫领开口、皮带扣和裤子前开口外侧线应在一条线上，不能歪斜。

（9）黑皮鞋能配任何一种颜色的深色西装，棕色皮鞋除能配同色系西装外，不能配其他颜色的西装。

（10）如想保持西装完美的造型，一季不可干洗两次以上，且应尽量找专业的干洗店干洗。

》 七、面试男士着装搭配

（一）西装衬衫篇

（1）西装应同色配套，并且最好以黑色或深蓝色为主。

（2）不要穿新西装去参加重要公司的面试，七八成新的服装穿在身上最妥帖，自己也会觉得很舒服。

（3）正式面试时，所穿的长裤需要熨烫笔挺，裤子长度以直立状态下裤脚能遮盖住鞋跟部分为佳。

（4）衬衫以白色为佳，而蓝色衬衫是IT行业男士的最佳选择，能体现出智慧、沉稳的气质。

（二）面试着装之领带篇

（1）领带最好在材质和风格上与已有的西装、衬衫是搭配的，领带的长度以至皮带扣处为宜。

（2）尽量选择颜色明亮的领带，以带给他人明朗、良好的印象为宜，当然也要与西装颜色相搭配，尽量采用真丝领带。

（3）领带不要过长，一般到裤带即可。

（三）面试着装之鞋袜篇

（1）面试中尽量选择方头系带的皮鞋。

（2）西装和皮鞋的颜色以冷色调为好，黑色皮鞋是最佳选择。

（3）袜子颜色最好和鞋、裤子的颜色一致，且长度要足够。

第七章

职场礼仪

现代社会中，职场礼仪的重要性日益凸显，它除了可以体现个人的综合素质和修养以外，在全球化商务竞争中，也将成为企业形象的一部分，因此日益受到各方重视。

职场礼仪是指人们在职业场所中应当遵循的一系列礼仪规范。学会这些礼仪规范，将使一个人的职业形象大为提高。对公司而言，礼仪是企业文化的重要组成部分，能体现整个公司的人文面貌；对客户而言，可享受更上层的服务，提升对整个商务过程的满意度；对个人而言，良好的礼仪能够树立个人形象，体现专业性。

现今，职场的竞争不仅是实力的较量，也是个人职场礼仪、职业形象的比拼。了解、掌握并恰当地应用职场礼仪有助于完善和维护职场人的职业形象，使职场人的事业蒸蒸日上。成功的职业生涯要求职场人在工作中有一定的职场技巧，用一种恰当、合理的方式与人沟通和交流，在职场中处理好人际关系，赢得别人的尊重和领导的赏识。因此，学习职场礼仪十分必要。学习职场礼仪首先需要了解体态仪容。

》》 一、体态概述

体态就是人的身体姿态，又称仪态，包括体姿和表情两个方面的内容。一般来说，人的感情、欲望和需求在动作中流露出来，体现在身体姿势上的叫体姿，体现在颈部以上部位的叫表情。但这种划分是相对的，而不是绝对的。

日常生活中的站、坐、行的等态，一举手一投足，一颦一笑都可以称为体态。体态与人的风度密切相关，是构成人特有风度的主要方面。体态是一种不说话的"语言"，是内涵极为丰富的语言。体态的高雅、得体与否，能直接反映出人的内在素养，影响他人对自己的印象和评价。"仪态是心灵的外衣"，它不仅能反映一个人的外表，也可以反映一个人的品格和精神气质。有些人尽管相貌一般，甚至有生理缺陷，但举止端庄文雅、落落大方，也能给人以深刻、良好的印象，获得他人的好感。

人的体态是人的机体对外界刺激的一种反应，它的产生是身体各个部位共同作用的结果。我们可以通过对身体各部位在体态中的作用的了解，进一步认识体态在社交中的一些共同规律。身体不会说谎，例如我们嘴上说"不"，但是我们的眼睛、往前倾的身体姿态会泄露出，我们的情感已经给出了"是"的回答。相反，如果谈话对象嘴上说"是"，而身体却说"不"——人往后退，自我封闭起来，那么，这个"是"里，就没有什么实质性的内容了。这就是体态语的一种表达。

识别体态语的符号，对其做出正确的阐释，并且身体力行，可以使各类交际活动变得更容易。懂得这些信号的人可以更积极地直面对手，看穿别人的心理，更重要的是，能够学会理解和尊重别人。

赛弥·芙尔肖将体态语比作"水"。跟人的感情一样，体态语像是流动的，在每次碰撞中，都会发生变化，但又万变不离其宗。体态语是人内心愿望和反应的表露，虽然是一种无声语言，但它同有声语言一样，也具有明确的含义和表达功能，有时能达到有声语言也达不到其效果，这就是所谓的"此时无声胜有声"。据专家研究，在人际交往中，有65%的信息是通过体态语交流的。

例如，美国通用汽车公司招收新雇员的做法就充分利用了人们的体态语信息。该公司招聘的最后一道程序是面试，但面试方法和内容与其他公司不同。面试房间很大，应试者需要走过长长一段距离才能来到面试官面前。而一排6个面试官拿着应试者的情况介绍表并不提任何问题，只是注视其一分钟后即示意应试者出去，面试就结束了。应试者们都被弄得丈二和尚摸不着头脑，觉得十分诧异，怎么没有提问题就结束了呢？其实，根本用不着提问题，一切尽在不言中。面试官从应试者进门伊始的走路姿态、神态，以及在面试官前的坐姿、举止，到注视之下的表情、心理变化直到最终出门时的速度、动作，就可以判断出这个人的气质、性格、自信心、创造性。

》》 二、体态产生的心理与生理机制

人的体态的产生不是单纯的生理反应，而是生理与心理的综合反应，其规律虽然比较复杂，但还是可以分析的。人的表情产生的生理与心理机制比体姿的反应更复杂，其发生与人的情感活动密不可分。往往人们面对刺激和压力时，会判别客观事物是否符合个体需要，引起一定的情感体验，而这种情感体验又会通过体姿、表情传达出来。

（一）体姿和表情是对压力的反应

生存在现实生活中的人处处感受着各种刺激，而这些刺激一旦对人的机体提出调节的需求，就形成了压力。压力主要来自外界的刺激，它在生理、心理及人际关系上作用于人，使人在心理上处于一种有张力的状态，从而导致生理上、行为上发生相应的变化。

（二）体姿和表情对压力的反应具有一定的相似性

面对压力，就体姿而言，其产生必须经过"行为原因→行为需要→行为→行为目标"4个阶段。仅仅有压力未必会发生行为，只有当压力提出调节的需求时，人才会产生行为，从而推动人以实现行为目标采取行动。表情的产生也是如此。

（三）体姿和表情对压力的反应具有许多差异性

面对压力，人在现实生活中表现出丰富多彩的表情和体姿，这表明在内在规律基本一致的同时，还有许多因素会影响人的体态。这些因素包括实际环境和条件、所属的组织、人际关系、技术规范和文化规范等。

》》 三、身体不同部位在体态中的功能

人身体的不同部位在体态中表达不同的含义，正是由于不同部位的组合表达，才形成体态特有的表达功能。下面列举人体部分重要部位的主要表达功能。

（一）腿部

腿部虽然位于身体的下端，但往往是最先表露出人的潜意识情感的部位。例如，人在小幅度摇动或抖动腿部时，意味着不安、紧张、焦躁，架腿动作可以表示防卫的态度，同时，腿部动作还可以表达扩大、缩小自己的势力范围。

（二）足部

足部指脚踝骨以下的部位，其表现力与腿部相仿，同样可以表现欲望、需求和个性。

（三）腰部

腰部位置的"高"或"低"与一个人的心理状态和精神状态有关。例如，鞠躬、哈腰等弯腰动作属于精神状态的"低姿态"，蹲、揖、跪、伏、叩等都具有服从与屈从的含义。反之，挺直腰板，则反映出情绪高昂，充满自信的心理状态。

（四）腹部

腹部相对比较不引人注目，但其表达的含义也是十分深刻的。例如，凸出腹部，往往是表现自己的心理优势，带有自信与满足感。反之，抱腹蜷缩的动作则表现出不安、消沉、沮丧。

（五）背部

背部具有一定的掩盖和隐藏情感、情绪的功能，但是其显露出来的部分反而展示出更为深刻的内涵。

（六）胸部

挺胸表示自信和得意，因为挺胸的姿势是把自己的心脏部位暴露出来，显示不可能有能对自己进行攻击的敌人，是精神具有优势的表现。

（七）肩部

肩部历来被视为责任与尊严的象征，特别是男士尊严、威严、责任感和安全感的象征。把手置于对方的肩上，暗示信任与友好。肩与肩的互相接触，表示对等关系。肩与手的相互接触则表示亲密关系。

（八）颈部

颈部的功能主要是表露个人想法的是与不是。

（九）腕部

腕部是力量、伎俩、能力的象征。例如，政治上很强势的人物被称为"铁腕人物"，善于玩弄权术则被称为"会耍手腕""手腕高强"。

（十）嘴部

嘴可以凭嘴唇的伸缩、开合表露心理状态。例如，噘起嘴是不满和准备攻击对方的表示。抽烟动作则可以表示出一个人内心活动和情绪的变化。

》》四、体态的特点

人类很早就学会观察动物和人的体态，并探索其中的含义。体态语的信息负载量远远大于有声语言，且常常比有声语言更真实。它们能够表达有声语言所不能表达的情感，比有声语言更简洁、生动。

1. 表达真情

人类在社会交往中，绝对离不开体态。体态在本质上是一种无声语言，是人际信息传递的一种载体。在许多场合，当人们"真不知道说什么好""心情无法用语言来表达"的时候，人们便会借助坐立不安、手足无措、张目扬眉、拂袖而去等体态语来表达。此外，人们通常用点头来表示赞美、赞赏、同意；用摇头表示否定或拒绝；用手舞足蹈表示兴奋、高兴。俗话说，"眉来眼去传情意，举手投足皆语言"。可见，体态在传情达意方面的功能是不容忽视的。如果从历史的角度考察，我们不难发现，体姿、表情比有声语言的历史要悠久得多。在没有有声语言和文字以前，人类主要是靠体态语来传递信息。

在今天的人际交往中，喋喋不休往往使人讨厌，默默无闻的行动往往更受人欢迎和尊重。人际交往不仅要"听其言"，而且要"观其行"。许多名人、伟人在自己的生活和事业中，也善于利用体态来表达自己的情感和情绪。例如，美国前总统罗斯福能在短短20分钟内，做出稀奇、好奇、吃惊、关切、担心、同情、坚定、嬉笑、庄严等体态变化，美国某记者在《回忆罗斯福》一书中曾对他那高超的体态语言水平大加赞赏。

2. 简洁生动

体态的改变比语言的叙述简练、迅速，且体姿、表情比有声语言的抽象层次更低，比有声语言更形象、生动。例如，婴幼儿总是最先、也最容易看懂母亲的体姿、表情，对母亲的有声语言往往反应迟钝。即使是成年人，也有类似的情况，当一个人心情好、很兴奋的时候，如果他只是用语言说，"我真是太兴奋了，简直兴奋极了"就不如他用笑得合不拢嘴、乐不可支的表情给人的感觉生动、形象；泪水像断线的珠子似的掉下来一定比说"我无限悲哀，痛苦极了"而又毫无表情更让人感动；站有站相、坐有坐相的人，比那些自称"我是最有教养的"，可是体态上却东倒西歪、不成体统的人更能引起人们的敬重。

3. 真实可感

体态语与有声语言相比的最大特点是真实性更强。由于各种主客观原因，我们在人际交往中常会遇到难以判断他人内心想法的情况。其实，只要我们不停留在听他们怎么说，而是留心看他们怎么做，不是只注意他们的声音，而是仔细辨读他们的体态语，就会比较容易地把握他们的真实内心。弗洛伊德认为，要了解说话人的深刻心理，即无意识领域，单凭语言是不可靠的，因为人类语言所传达的意识大多属于理性层面。经理性加工后表达出来的语言，往往不能率直地表露出一个人的真正意向，而人的动作比理性更能表现出人的情感和欲望。弗洛伊德说，"凡人皆无法隐瞒私情，尽管他的嘴可以保持缄默，但他的手脚却会多嘴多舌"。例如，有的主人嘴上对客人说"没关系，再多坐一会吧。"，可是双手早已支在双膝或椅子扶手上，这位主人的内心是在说"你早就该离开了！"；一个正在被领导批评的人，当领导问他"知错了吗？以后改还是不改？"时，他嘴上说："我错了，以后当然要改的。"，而他却眼望天花板，双手交叉抱于胸前，那他心中的真实想法多半是"我压根儿就没有错，你让我改什么呢？"

总之，人们的面部表情、手势及其他体姿与有声语言相比，是内心的直接表现。因此，从体态去判读对方，其结论会有更高的可靠性。

》》 五、语言表达中体态语的设计

体态语在语言表达的过程中具有特殊的表达功能。但是，它毕竟只是完成表达任务的手段，而不是最终目标。因此，对于语言表达来说，体态语更多的是辅助价值，在谈话过程中处于从属地位。正是这种从属地位决定了体态语的设计和运用必须由表达的内容、情绪、对象等因素的特点来决定。体态语的设计必须遵循以下几个基本原则。

一要服从内容表达的需要。这是体态语设计的根本宗旨。美国有位演说家在伦敦做《关于劳工问题》的演说时，中途突然停了下来，取出怀表，站在那里望着听众足足有一分多钟。听众都觉得奇怪，"怎么回事？难道忘了说辞？"就在大家猜疑之际，他突然大声说道："诸位，方才大家都感到局促不安的72秒，就是一个普通工人砌一块砖头所需要的时间"，大家才恍然大悟。中途停顿动作的设计，既新颖别致，又生动深刻地表达了他在劳工问题上的思想和见解。

二要服从情绪表现的需要。任何表情、动作都是人的内在情绪和感情的体现。体态语的设计必须合着感情的脉搏，服从情绪的支配，动作必须随着说话情感的起伏自然而然地发出，切不可故作姿态，装模作样。

三要服从对象、场合的需要。表情、动作、姿态、衣饰都必须考虑和适应特定的对象与场合。跟朋友聚会与会见同事时的衣着打扮和神态应该是有区别的；参加喜庆活动与参加悼念活动时的举止、仪态也应该不同。

四要服从审美的需要。体态直接作用于人们的视觉，美则令人赏心悦目，丑则令人反感厌恶。因而无论何时何地，坐着站着，一颦一笑，一招一式，都要注意造型美，以适应人们爱美的心理。一般来说，男尚阳刚，女尚温柔。在设计体态语的时候，一定要注意体现出性别特征和个性特征。男士要有男人的气质和风度，刚劲、强健、粗犷、潇洒；女士要有女人的柔情和风姿，温柔、细腻、娴静、典雅。阴阳怪气、轻佻的姿态、猥亵的神色、放荡的举止、不合时宜或低级趣味的打扮等，都是美的死敌。美是语言形象的表达，也是语言表达的境界。

》 六、仪容美的含义

要提升体态形象，首先要注意仪容美。

首先，要注意仪容自然美。它主要是指仪容的先天条件，所谓"天生丽质"。尽管以相貌取人不合情理，但先天美好的仪容相貌，无疑会令人赏心悦目，感觉愉快。

其次，要注意仪容修饰美。它是指依照规范与个人条件，对仪容实行必要的修饰，扬其长，避其短，设计塑造出美好的个人形象，在人际交往中尽量令自己显得有备而来，自尊自爱。

最后，要注意仪容内在美。它是指通过努力学习，不断提高个人的文化、艺术素养和思想道德水准，培养出自己高雅的气质与美好的心灵，使自己秀外慧中、表里如一，即古人常讲的"腹有诗书气自华"。

真正意义上的仪容美，应当是上述3个方面的高度统一。忽略其中任何一个方面，都会使仪容美有失偏颇。

在这三者之间，仪容的内在美是最高的境界，仪容的自然美是人们的心愿，而仪容的修饰美则是仪容礼仪关注的重点。要做到仪容修饰美，自然要注意修饰仪容。仪容美的基本要素是貌美、发美、肌肤美，主要要求是整洁干净。美好的仪容要能让人感觉到五官构成和谐，并富于表情；发质发型要能使人英俊潇洒、容光焕发；肌肤修饰要能使人充满生命活力，给人以健康自然、鲜明和谐、富有个性的深刻印象。

仪容美的基本要求如下。

（一）讲究个人卫生，树立整齐利落的形象

个人卫生可以反映一个人的基本素质，体现社会的文明程度。个人卫生是良好的个人仪容所必须具备的基本要求。个人卫生主要包括面容清洁、口腔清洁、头发清洁、手的清洁、身体清洁、胡须清洁，以及衣服清洁等。

在任何场合，我们都应该注意保护个人卫生，做到勤洗头、勤洗澡、勤修指甲，切忌身体有异味，皮肤表层或指甲有污垢等。在口腔清洁方面，养成勤刷牙、勤漱口的好习惯，在工作前，不应食用葱、蒜、韭菜、酒等有异味的食物，以免引起他人厌恶；在服饰方面，注意勤洗勤换，塑造整齐、利落的形象。

（二）注重培养个人修养，塑造仪容内在美

仪容美是人的内在美与外在美的统一。真正的美，应该是个人良好内在素质的自然流露，是人的思想、品德、情操、性格等内在素质的具体体现。正确的人生观和人生理想、高尚的品德和情操、丰富的学识和修养，构成一个人的内在美。内在美反映人的本质，也体现社会美的本质。如果只有外表的华美，而没有内在的涵养作为基础，容易使人感到矫揉造作，使人感到"金玉其外，败絮其中"。

▶▶ 七、仪容修饰的原则

生活中人们的仪容非常重要，它反映出一个人的精神状态和礼仪素养，是人们交往中的"第一形象"。天生丽质、风仪秀整的人毕竟是少数，然而我们却可以靠化妆修饰、发式造型、着装配饰等手段弥补和掩盖自己在容貌、体型等方面的不足，并在视觉上把自身较美的方面展露、衬托和强调出来，使形象得以美化。可见，为了维护自我形象，有必要修饰仪容。在仪容的修饰方面要注意以下4点原则。

其一，仪容要干净卫生，要勤洗澡、勤洗脸，脖颈、手都应干干净净，并经常注意去除眼角、口角及鼻孔的分泌物。要注意口腔卫生，早晚刷牙，饭后漱口，不能当着客人的面嚼口香糖；指甲要常剪，头发按时理，不得蓬头垢面，体味熏人。要勤换衣服，消除身体异味，有狐臭要搽药品或及早治疗。干净、卫生是仪容美的关键，是礼仪的基本要求，也是当今社会人与人之间的交往和取得事业成功的必要条件。

其二，仪容应当整洁。整洁，即整齐、洁净、清爽。要使仪容整洁，重在持之以恒，这一条与自我形象的优劣关系极大。

其三，仪容应当简约、端庄。仪容既要修饰，又忌讳标新立异、"一鸣惊人"，简练、朴素最好。仪容庄重大方，斯文雅气，不仅会给人以美感，而且易于使自己赢得他人的信任。相形之下，将仪容修饰得花里胡哨、轻浮怪诞，是得不偿失的。

其四，修饰时要注意避人。整理仪容、美化形象是个好习惯，但一定要在无外人的情况下进行修饰，这是基本礼貌。

▶▶ 八、仪容礼仪要求

个人修饰仪容时，应当引起注意的通常有头发、脸部、手部、腿部等方面。

（一）对头发的要求

对职业工作者来说，在头发方面的礼仪规范是清洁、美观。

1. **保持头发的清洁，避免其产生异味**

保持头发清洁，是头发修饰的基本要求。头发作为人体的一部分，常常会被其分泌物、风沙、汗液等污染，如果长时间不清洗，就会产生异味，如果发生此类情况，会破坏自身形象，引起他人的反感，所以，保持头发的清洁至关重要。

清洗头发是保持头发干净、清洁的基本方法。清洗头发时应做到细致、认真。洗发后护发也是必要的，护发可以保持头发柔顺、光滑，修复受损的发质。

2. **发型的修饰**

发型要反映出人的精神面貌。具体应做到两点。第一，头发的长短要适中，并且要定期理发。理发可以修剪多余的长发、碎发，使人看起来精明、干练。第二，发型自然大方。尽管不同的发式可以体现人的个性，但应做到发型得体，不留怪异发式。发型的选择应综合考虑自身的脸型、肤色、身材、体型等个体因素。譬如，身材矮胖者不宜留长发，以免给人以头重脚轻的不稳定感；脸型偏长者不宜留无刘海发式等。发型的选择还应考虑个人的职业性质及自身角色。

（二）对脸部的要求

脸部是人际交往中为他人所注意的重点部位。在与人打交道时，不可忽视面容修饰，要保持脸部干净、卫生，无汗渍和油污等。最简单的办法就是勤洗脸，午休、用餐、出汗、劳动或外出之后，应及时洗脸。清洗方法如下。

① 用温水润湿脸部。

② 取适量的清洁剂（香皂、洗面奶、洗面膏等），用手由下颌向上轻轻揉搓，用中指和无名指打圈，手指经过鼻翼两侧上下打圈，从颈部至左右耳根反复多次揉搓。洗脸时要注意清洗脖子、耳朵和眼角，清除附着的不洁之物等。

③ 温水冲净清洁剂，再用凉水冲洗干净。

清洁脸部时具体到各个不同的部位应做到以下几点。

（1）眼部

眼部清洁：眼部分泌物要及时清除。

修眉：眉毛刻板或不雅观的话，可进行必要的修饰。

（2）耳朵

耳朵清洁：平时洗澡、洗头、洗脸时，应小心清洗耳朵，及时除掉耳孔的分泌物。

修剪耳毛：个别人耳朵长耳毛，当耳毛长出耳孔之外时，就应进行修剪。

（3）鼻部

鼻部清洁：鼻腔要随时保持干净，不要让鼻涕或尘埃充塞鼻孔。痰、鼻涕等应及时清理，清理时，要避开众人。为了保持鼻腔的清洁，不要用手挖鼻孔。经常挖鼻孔，会弄掉鼻毛，损伤鼻黏膜，甚至使鼻子变形，鼻孔变大。

修剪鼻毛：鼻毛不能过长，过长的鼻毛非常有碍观瞻。可以用小剪刀剪短，不能用手拔，特别是当着客人的面。要定期修剪长到鼻孔外的鼻毛。

（4）嘴部

清洁口腔：牙齿洁白，口腔无异味、无异物是对口腔的基本要求。保持口腔清洁是讲究社交礼仪的先决条件。如果有一口皓白的牙齿，无论是讲话还是微笑都是很美的。要坚持每天早晚刷牙，清除牙缝里的沉积物，减少口腔细菌，防止牙石沉着。刷牙时要使用正确的方法，牙刷应顺着牙缝的方向，上下刷。注意牙齿各部位都应刷到，每次刷牙时间不少于3分钟。口腔疾病特别是口臭会影响人交际，要尽快到医院查明原因加以治疗。如果没有疾病只是单纯口臭，就应该注意讲究口腔卫生，养成饭后漱口，早晚认真刷牙的习惯，多吃蔬菜水果和清淡食物，不暴饮暴食，戒烟戒酒。另外，在重要应酬之前忌食蒜、葱、韭菜、萝卜、腐乳等可使人口腔发出刺鼻气味的东西。

清除胡须：在正式场合，男士留着乱七八糟的胡须是很失礼的。没有特殊的宗教信仰和民族习惯，一般不要留胡子，要养成每日剃须的习惯。

禁止异响：在社交场合，包括嘴、鼻子及其他器官发出的咳嗽、哈欠、喷嚏、吐痰、吸鼻、打嗝、放屁等不雅之声统称为异响，应当严格自律，尽量避免弄出响声。如果不慎弄出异响，要向受影响的人道歉。

（5）脖颈

脖颈清洁：不要只顾着脸上干干净净，而忽视了对脖子的照顾。脖子尤其是脖后、耳后，绝不能成为"藏污纳垢"的地方。

护肤：脖子上的皮肤细嫩，应给予相应的呵护，防止其过早老化。

（三）对手部的要求

有人说，手是人的第二张面孔。手部在人的仪容中，占有重要位置。无论是生活、工作还是社交，都需要用手，如打电话、就餐、办公时扶案写字、社交时与他人握手等。手伸出去会给人留下一种很强的印象，与一个人的整体形象密切相关，能反映一个人的修养与卫生习惯，所以手部清洁不可马虎，应注意随时清洗。洗手时要用香皂轻轻搓洗，着重清洗指甲的沟缝。手部的修饰，可以分为手掌、肩臂与汗毛3个部分。

1. 手掌

手掌是手臂的中心部位，也是手语的关键部位。对它的修饰必须做到以下几点。

（1）干净整洁

在日常生活中，手是接触他人和物体最多的地方。从清洁、卫生、健康的角度，手应当勤洗。餐前便后，外出回来及接触到各种东西后，都应及时洗手。手上的指甲应定期修剪，最好每周修剪一次。手指甲的长度以不超过手指指尖为宜。一般不要涂彩色的指甲油，女士可涂无色透明的指甲油。

（2）健康

对于手部要悉心照料，不要让它处于不健康的状态。发现死皮后，应立即将其修剪掉，但不要当众进行，更不要用手撕，或用牙咬。手部皮肤粗糙、红肿、皲裂，要及时护理、治疗。若长癣、生疮、发炎、破损、变形，不仅要治疗，还要避免接触他人。

2. 肩臂

在正式的商务场合中，手臂尤其是肩部，不应当裸露在衣服之外。

3. 汗毛

由于个人生理条件不同，个别女士手臂上汗毛生长得过浓或过长。这种情况最好采用适当的方法进行脱毛。

在他人面前，尤其是外人或异性面前，腋毛是不应为对方所见的，否则即为失礼。女士要特别注意这一点。

（四）对腿部的要求

腿部在近距离之内为他人所注目，因此腿部的修饰必不可少。腿部的修饰主要应注意脚部、腿部3个部分。

1. 脚部

修饰脚部，要注意以下3点。

（1）裸露。在正式的社交场合不允许光着脚穿着鞋子，也不允许穿脚部过于暴露的鞋子（如拖鞋、凉鞋）也不能穿。

（2）清洁。注意保持脚部的卫生，保证脚无味。在非正式场合光脚穿鞋子时，要确保脚的干净、清洁。

（3）脚趾。脚指甲要勤于修剪，最好每周修剪一次。趾部通常不应露出鞋外。

2. 腿部

在正式场所，不允许男士暴露腿部，即不允许男士穿短裤。在正式场合，女士可以穿长裤、裙子，但不得穿短裤，或暴露大部分大腿的超短裙。女士在正式场合穿裙子时，不允许光着大腿不穿袜子。女士的腿部汗毛如果过于浓密，应脱去或剃掉，或选穿深色丝袜，加以遮掩。如果没有剃掉或脱掉过浓密的汗毛，切忌穿浅色的透明丝袜。

第二节　体姿礼仪

体姿礼仪就是人们在社会的各种具体交往中，为了表达尊重，在身体姿态方面约定俗成的、共同认可的规范。用优美的体姿表达礼仪，比用语言更让受礼者感到真实、美好和生动。

一、体姿的特性

体姿礼仪的功能是多方面的，它不仅能以卓越的风姿展示人们的独特气质和风度，还能帮助人们表达自己的情感，探测他人的内心世界。因此，人们自觉地培养优雅的气质和风度、塑造美好的体姿形象、开展对应的礼仪活动等具有重要的现实意义。从头到脚的体姿随时都在默默而语，它们成为人与外部世界交流情感的信息。了解体姿的含义，并较好地理解和运用，往往是社交成功的关键。

1. 具有共同性

人类在千百年的生活中，非常频繁地使用着体姿语言。不同地域、不同民族的人们，虽有其各不相同的有声语言，但许多基本动作语言的含义都具有共同性。

2. 具有差异性

虽然人类的体姿含义具有共同性，但是，由于受到民族习俗和文化背景的深刻影响，某些体姿，特别是某些手势在不同国家、不同民族又可能具有不同的含义。

例如，伸出一只手，拇指和食指合成一个圆，其余3个手指伸直或略屈的动作，在我国，伸手示数时，该手势表示"0"或"3"；美国人或英国人则常用它表示"OK"，即赞成、了不起的意思；在法国，这一手势表示"0"或没有；在泰国表示没问题、请便；在日本、缅甸、韩国则表示金钱。

3. 具有含糊性和多义性

人的任何一种表情、姿态和动作，不论其表现在身体的什么部位，都能传递某些信息，表露某些情感。但这并不是说，表情、姿态、动作的含义在任何情况下都是确定的、不变的。因此，要正确领会某个体姿的含义，应该与交往对象发出的其他信息相联系。

（1）某个体姿的含义需与整个体姿表现相联系

在交谈中，倘若有一方的上身微微倾向前方，这是被对方的言谈所吸引呢？还是已经不耐烦，很想结束这场谈话呢？单看这一个动作难以断定。如果综合这人一连串的动作、面部表情和身体姿态，则不难看出他的真实动机。如果他刚刚改变了双臂交叉在胸前、上身后仰的姿态，而且神态从容、目光专注，那么这就是他感兴趣、被吸引的信号；如果他眼睛盯着其他地方，双手夹握椅子座面的边缘，像是随时准备起立而身体向前倾，这就是已经厌烦、很想站起来离开的表示。

所以，要得到某个体姿的准确含义应与整个体姿表现相联系。当然，如果你希望自己能有效地运用体姿，也应当注意将所使有的体姿信号结合为一个有机、和谐的整体。

（2）某个体姿的含义需与有声语言相联系

体姿与有声语言是密切配合、协调一致的，所以许多体姿的含义可以联系有声语言来断定。例如，同样是搓手掌的动作，若说"来，咱们开始干吧！"，这是工作前的"摩拳擦掌"，振奋精神；若推销员搓着手掌对经理说"咱们又搞到一笔好生意！"，这是期待、赞扬之意；在外国的某些饭店里，服务员来到桌前，搓搓手掌，问："先生，还想喝点什么吗？"，这是期待小费的暗示。可见，同样的姿态、表情动作，说的话不同，其含义也各不相同。

在有声语言的配合下，我们能够更为准确地揣摩体姿信息的明确含义。

（3）某个体姿的含义需与具体情况相联系

在这里，具体情况是指一定的时间、场合、情景，以及涉及的物体。如一个人坐在椅子上，双臂交叉，两腿相搭，脑袋下垂，整个身体呈收缩状态，单是这个姿态，我们很难判断他是什么意思。但如果此人是坐在汽车上，寒风凛冽，这显然是因为天冷而采取的防御姿态；如果是在午夜的候车室，则可断定因为疲劳而正在打瞌睡；如果此人隔桌与人正在交谈，那他的姿态说明了他对这次谈话持消极、否定的态度。

只有与具体情况相联系，才能有效地确定体姿的含义。

》》 二、体姿礼仪的要求

人的基本体姿可分为站姿、坐姿、行姿和卧姿四大类。通常呈现在公众面前的是坐、站、行三类。在这三大类体姿的基础上，还可以衍生出其他许多具体不同的体姿。

不同的体姿具有不同的含义，相同的体姿也往往具有不同的含义。我们不仅应当养成良好的体姿，给公众以良好的体态视觉，而且，应善于从他人的各种具体的体姿中了解他人的真实思想轨迹。

1. 站姿

站姿是人静态的动作，优美、典雅的站姿是发展人动态美的起点和基础，能衬托一个人美好的气质和风度。

在生活中，由于每个人的生活条件、个人习惯不同，久而久之形成了不同的站姿，不正确的站姿，如站立时歪脖、斜腰、曲腿，尤其是撅臀、挺腹，就会给人以轻浮、没有规矩、不懂教养的感觉。

优美的站立姿势，关键在于脊背的挺直。挺拔、立腰是训练站姿最基本的要领，标准站姿的动作要领，如下。

① 身体舒展直立，重心线穿过脊柱，落在两腿中间，足弓稍偏前处，身体尽量上提。

② 精神饱满，面带微笑，双目平视，目光柔和、有神，自然亲切。

③ 脖子伸直，头向上顶，下颚略回收。

④ 挺胸收腹，略微收臀。

⑤ 双肩后张下沉，两臂于裤缝两侧自然下垂，手指自然弯曲，或双手轻松自然地在体前交叉相握。

⑥ 两腿肌肉收紧直立，膝部放松。

女性站立时，脚跟相靠，脚尖分开约45°，呈V形；或者站丁字步，双脚呈垂直方向接触，其中一脚跟靠在另一脚的脚窝处，如一"丁"字，如图7-1至图7-3所示。丁字步是中国古典舞中最基本的脚位，也是今天职业女性最优雅的站立姿态。男性站立时，双脚可略为分开，但不能超过肩宽。站累时，脚可向后撤半步，身体重心移至后脚，但上体必须保持正直，如图7-4至图7-6所示。

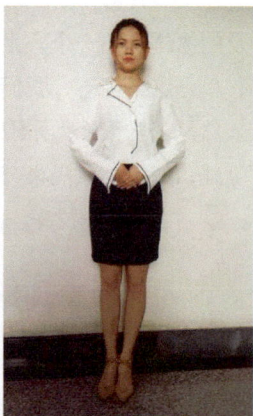

图7-1　女士端正站姿图　　　图7-2　女士丁字步正面图　　　图7-3　女士丁字步侧面图

图7-4　男士端正站姿图　　　图7-5　男士分腿站姿图　　　图7-6　男士背手站姿图

（1）站姿训练内容

加强站姿训练，可以进一步提高站姿的规范化水平，形成良好的站立姿势。对站姿的训练，一是训练站立时身体重心的位置调整，使身体正直、重心平衡，并能自然改变站立的姿势；二是训练挺胸、收腹、立腰、提臀，使身体重心上升，躯体挺拔、向上；三是训练两脚位置与两脚间的距离，使脚与手的位置和谐、一致，整个身体协调、自然；四是训练腿部的控制能力，使双腿始终保持直立状态；五是训练站立时的面部表情，面带微笑，精神饱满；最后通过坚持一定的时间来训练站姿的持久性。

（2）训练的方法

① 背靠背训练。两人一组，背靠背站立，两人的脚跟、小腿、臀部、双肩、后脑勺都靠紧，并在两人的肩部、小腿部相靠的位置各放一张小卡片，不要让其滑动或掉下。

② 贴墙训练。贴墙站立，脚跟、小腿、臀部、双肩、后脑勺都要紧贴墙面，让身体上下处在同一平面上，并在肩部、小腿部与墙相靠的位置各放一张卡片，不要让其滑动或掉下。

③ 顶书训练。把书本放在头顶，为使书不掉下来，头、躯干自然会保持平稳。这种方法可以纠正低头、仰脸、头歪、晃头及左顾右盼的毛病。

④ 夹纸训练。站立者在两大腿间夹上一张纸，保持纸不松、不掉，以训练腿部的控制能力。

⑤ 对镜训练。面对镜子站好，检查自己的站姿及整体形象，看是否歪头、斜眉、含胸、驼背、弯腿等，发现问题及时调整。

站姿训练每次要进行20～30分钟，可结合微笑练习进行，微笑要强调自然。训练时可配上轻松愉快的音乐以调整心境，防止训练的单调，减轻疲劳。

效果检测：轻松地摆动身体后，瞬间以标准站姿站立，若姿势不够标准，则应加强练习，直至无误为止。

注意性别不同，对站姿的要求也有所差异。男士站姿应当气宇轩昂、昂首挺胸，像狂风中的古松岿然挺立；女士站姿应当挺拔向上、优雅娉婷，像流水中的荷花般亭亭玉立。

（3）站姿的变化

在日常生活中，由于个体周围的环境不同，由基本站姿衍生出了多种站姿，可通过灵活变化实现落落大方、自然幽美、彬彬有礼的站姿。例如，在公共汽车上，在保证站立稳定的同时也要兼顾美感；在与别人交谈时，可以采用一种随意的站姿，脚可以有时交叉，有时稍微靠拢，有时略微张开，但膝盖不可以张得太开，也不要不停地变换姿势，否则易给人不安定的感觉。

2. 坐姿

坐姿是一种可以维持较长时间工作劳动的姿势，也是一种主要的休息姿势，更是人们社交、娱乐中的主要身体姿势。坐姿是静态的，但它有美与不美、优雅与粗俗之分。良好的坐姿传递着自信练达、友好诚挚、积极热情的信息，而且能塑造沉着、稳重、文雅、端庄的个人形象，展现自己良好的气质和内涵。

（1）坐姿的要求

坐姿的基本要求是庄重、文雅、大方，即所谓的"坐如钟"。其具体要求如下。

① 入座要轻、稳。动作要协调从容，走到座位前，转身后退，轻稳坐下，女士穿裙装

入座时，应将裙脚向前收拢一下再坐，不宜将裙子下摆东撩西扇，也不要坐下后再站起来整理衣服。动作要轻，不要碰响座椅，坐在椅子的前三分之二处，背部一般不接近椅背，坐定后不要再挪动椅子的位置。

入座时的礼仪要求：出于礼貌，和客人一起入座或同时入座时，要分清尊卑，先请对方入座，自己不要抢先入座，如果条件允许，在就座时最好从座椅的左侧接近座位，这样做既是一种礼貌，而且也容易就座，在别人面前就座时，最好背对着自己的座椅，这样就不至于背对对方，得体的做法是先侧身走近座椅，背对着站立，右腿后退一点，以小腿确认一下座椅的位置，然后随势坐下。必要时，可用一只手扶着座椅把手。

②落座后，立腰、挺胸、上体自然挺直，上身微向前倾，使重心向下。如果附近坐着熟人，应该主动打招呼。即使不认识，也应该点头示意。在公共场合，要想坐在别人身旁，必须征得对方的允许。

③端坐时，双膝自然并拢，双腿正放，双脚并排自然摆放。男士双腿可分离，但最大不要超过肩宽，如图7-7至图7-9所示；女士双腿应并拢，双腿打斜向自己的右后方或左后方轻放，如图7-10至图7-12所示。

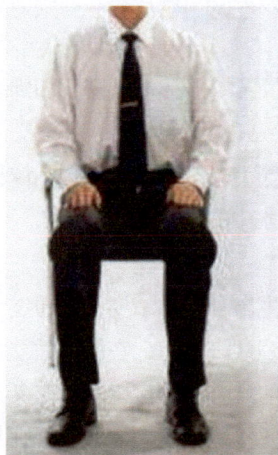

图7-7　男士端坐正面图　　　　图7-8　男士端坐侧面图　　　　图7-9　男士跷腿坐姿图

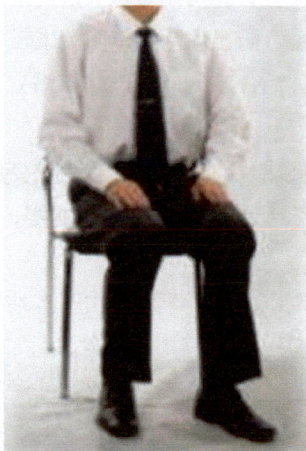

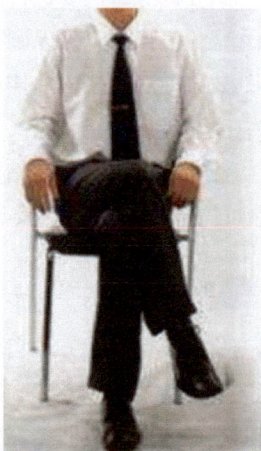

④双肩平正放松，双臂自然弯曲，男士可将双手自然地放在腿上面，掌心向下；女士可将右手搭在左手上，轻放在腿上面。

⑤面带微笑，双目平视，嘴唇微闭，下颌微收。

⑥起身时，右脚向后收半步，而后站起，轻稳离座。

离座时的礼仪要求：一是离开座椅时，如果身边有人在座，应用语言或动作向对方先示意，随后再站起身来；二是要注意先后，与他人同时离座，要注意起身的先后次序，地位低于对方的，应该稍后离座，地位高于或年龄大于对方时，可先离座，双方身份相似时，可以同时起身离座；三是要起身缓慢，起身离座时，动作应轻缓，不要"拖泥带水"，弄响座椅，或将椅垫、椅罩弄得掉在地上；四是要尽量从左侧离开，起身后，应该从左侧离座。

图7-10　女士端正站姿图　　　　图7-11　女士双腿打斜坐姿图　　　　图7-12　女士着裙装坐姿图

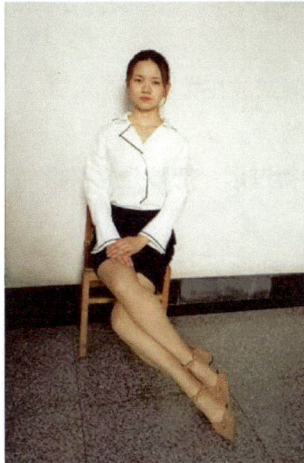

此外，不同场合对坐姿的要求也有所不同。在谈话、会谈、谈判等比较严肃的场合，适合正襟危坐，上体正直，臀尖落在椅子中部，双手放在桌子或腿上，胸部与桌子要有一拳之隔，脚可以并放，小腿可以定期前后交错；在倾听他人的教导、指导、传授、指点时，对方是尊者、长者、贵客，除了坐姿端正以外，还应将臀尖落在椅子的前半部或边缘，身体稍向前倾，对对方表现出一种积极和重视的态度；在公关、社交场合，为了使坐姿更优美并便于交谈，可采用略侧向的坐法，上体与腿同时转向对方，双膝并拢，双脚相并或一前一后；在比较轻松、随意的场合，可以坐得较舒展、自由，可以经常变换坐姿，以得到休息。

（2）坐姿的种类

同站姿相同，坐姿有许多种类，常见的包括以下几种。

① 正襟危坐式。适合最正规的社交场合，要求上身与大腿、大腿与小腿、小腿与地面都保持直角，双膝、双脚并拢。

② 垂腿开膝式。多为男士所用，与正襟危坐式不同的地方在于，此坐姿要求双膝分开，但不得超过肩宽。

③ 双腿斜放式。多为穿裙装的女士使用，要求双膝并拢，双脚向左或向右斜放，力求使斜放后的腿部与地面成45°。

④ 双腿叠放式。多为穿裙装的女士使用。尤其是短裙。此坐姿十分优雅、高贵，多为身份、地位高的女士所使用，要求双腿一上一下叠放，小腿相靠并一起斜向身体的一侧。

叠放后的腿部与地面成45°。

⑤双脚内收式。此种姿势男女均可使用，在一般场合下亦均可使用。要求大腿首先并拢，双膝略打开，两条小腿分开后向内侧曲回。

个体可以根据自身情况、环境选择一种坐姿，力求给人一种自然、落落大方的印象。

（3）不正确的坐姿

①坐时将双手夹在双腿之间或放在臀下。

②将双臂端在胸前或抱在脑后。

③双腿分开得过大或脚伸得过远，把脚叠成"4"字形或架在桌子上，架起二郎腿晃悠，或腿不停地抖动。

④全身完全放松，"瘫软"在椅子上。

⑤头扬在沙发或椅子后面，臀部坐到椅子边缘，脚尖跷起或双腿伸直。

⑥弯腰驼背，全身挤成一团。

⑦在入座或离座时，碰倒杯子，踢倒椅子，打翻东西，弄出声响。

⑧与人交谈或搭讪时，坐得太深，靠在椅背上。

⑨双腿分开倒骑在椅子上。

如果是端坐时间过长，可适当调整坐姿，但必须保持坐姿的基本要求，不能影响坐姿的优美。

（4）与人交往时坐姿的含义

①正襟危坐是一种严肃、认真的表现，给人以正人君子的印象。

②深深坐在椅子内，腰板挺直的人往往心理上处于劣势。

③抖动着脚或腿，是在传达内心的不安和急躁。

④张开双腿而坐的男性，是充满自信、有支配性格的人。

⑤频频变换架腿姿势，是一种情绪不稳定、急躁的表现。

⑥把腿放在桌子上的人，往往有较强的占有欲和支配欲，在接人待物上给人一种傲慢的感觉。

⑦有修养的女士，用脚踝交叉而坐，往往传达一种较委婉的拒绝的含义。

⑧听领导、长者讲话时，始终微坐在椅子前沿，是一种谦虚的表现。在某些场合这种方式则表示随时起身要走。

⑨在会场或公众场合，坐时手捂着嘴，掩嘴摸下巴，多是以评判的态度听对方发言。

（5）坐姿的训练

①就座姿势练习。

预备姿势：女士双脚呈V形，男士双脚分开而立，距离不超过肩宽。保持站立的基本姿态，目视前方，面带微笑。

动作过程：右脚退后半步；女士右手捋裙（用右手沿臀部顺理一下裙子），不着裙装者则可像男士一样省去此动作；坐下；收回左脚，与右脚相并。

②起立姿势练习。

预备姿势：女士双膝并拢，坐于椅上，身体端直，双手交叉置于腹前，目视前方；男士双脚并拢，双膝略分，双手置于左右腿上或椅子扶手上，目视前方。

动作过程：右脚向后收半步；右脚蹬地，起身；收回右脚，女士双脚呈V形，男士双脚分开而立，重心移至双脚之间；控制动作，成规范站立姿态；配合音乐，练习各种坐姿，面带微笑，每次坚持练习20~30分钟。

在公关社交场合，女士可以尽情展现自己的风韵与魅力，但风韵与魅力需要女士自己得体地表现自己的仪态举止才能获得。而男士的气质与风度在很大程度是从尊重女性的表现中获得的。例如，在社交场合，女士应让男士走在车道一侧，而男士应主动做到这点；男士应时刻不忘"女士优先"的原则，在出入门户、入座等场合充分运用；但当走在狭窄的过道处或人多拥挤的地方，女士应主动请男士作先导，以便他们表现风度；同乘汽车时，男士应主动为女士拉开车门，女士应先将臀部入座后，再轻盈旋转90°，朝向正面，整理裙子，向里移动。而当要过旋转门时，女士应让男士先入，自己从后一格跟进。当女士携重物时，可礼貌请随行男士代劳，当男士主动提出帮忙时，不必执意不让。搭乘火车或飞机时，靠窗的座位是淑女座，男士应主动地邀请随行的女士优先入座。

3. 行姿

行姿是在站姿的基础上展示动态美的姿势，是站姿的延续动作。优美、典雅的站姿是发展人不同质感动态美的起点和基础。无论是在日常生活中，还是在社交场合，行姿往往是最引人注目的体态语言，行姿的好坏可反映人的内心境界和文化素养的高下，能够展现出一个人的风度、风采和韵味。

无论是在日常生活中，还是在公共场合，走路都是"有目共睹"的肢体语言，往往最能表现一个人的气质、风度，有良好行姿的人，会更显青春活力。优美的行姿会使身体各部分都散发出迷人的魅力。

（1）行姿的要求

行姿的基本要求是协调稳健、轻盈自然、有节奏感，即所谓的"行如风"。其具体要求如下。

①上体正直，抬头，下巴与地面平行，两眼平视前方，挺胸、收腹、立腰，腰应适当收紧，重心稍向前倾，精神饱满，面带微笑。

②双肩平稳，双臂以肩关节为轴前后自然摆动，上臂应稍贴于身体，摆幅以30~40厘米为宜。

③脚尖略开，脚跟先接触地面，依靠后脚将身体重心送到前脚脚掌，使身体前移，不要让重心停留在后脚。

④行走时要注意步位和步幅。步位，即脚落在地面时的位置，行走时两脚内侧行走的

线迹应为一条直线。步幅，即跨步时两脚间的距离。性别不同，步幅也不同，男士步幅稍大些。着装不同，步幅也不同，女士穿旗袍、一步裙、西装裙时，步幅要小、走碎步、两脚走成一条直线，使裙子下摆与脚的动作有韵律感，走出高雅的韵味；女士在穿牛仔裤、健美裤时步幅可大些，两脚走成两条平行的直线，显得潇洒、敏捷。

⑤步伐稳健，步履自然，有节奏感。

此外，不同的场合对行姿的要求也有所不同。如在喜庆的场合，要走得轻松、轻盈；在庄重的场合，步伐要稳重；在开会等严肃的场合，要踮着脚走；迎宾时，行姿应是一种"敞开欢迎"的姿势等。

（2）不正确的行姿

①走路时肚子挺起，身体后仰。

②迈脚的方向不正，如明显的"外八字"或"内八字"。

③走路时两脚没有落在一条直线上，双脚分开明显。

④脚迈着大步，身体左右摆动。

⑤手臂、腿部僵直，或身子死板僵硬。

⑥脚步拖泥带水，拖着地走。

⑦耷拉眼皮或低头看脚。

⑧双手插在裤兜内，双臂相抱或背手而行。

⑨行走时弯腰驼背，左顾右盼，摇头晃脑，摆胯扭腰等。

（3）与人交往时行姿的含义

①一个人在沮丧时往往双手插在口袋里，拖着脚走，很少抬头注意过往的人。

②一个人在心事重重时，走起路来会摆出一副若有所思的姿态，低着头，双手反握在身后，步伐很慢。

③走路时双手叉腰的人，往往精力充沛，做事情风风火火。

④自满而傲慢的人，走路时下巴抬起，手臂摆动明显。

（4）行姿的训练

①摆臂训练。人直立，保持基本站姿。在距离小腹两拳处确定一个点，两手呈半握拳状，均向此点往斜前方摆动，由大臂带动小臂。以纠正双肩过于僵硬、双臂左右摆动的毛病。

②展膝训练。保持基本站姿，左脚跟起踵，脚尖不离地面，左脚跟落下时，右脚跟同时起踵，两脚交替进行，脚跟提起的腿屈膝，另一条腿膝部内侧用力绷直。做此动作时，两膝靠拢，两膝内侧摩擦运动。

③走步训练。在地上画出一条直线，行走时双脚内侧稍稍碰到这条线，注意检查自己的步位、步幅是否正确，纠正"内八字""外八字"及脚步过大、过小的毛病。

④平衡训练。行走时，在头上放个小垫子或书本，用左右手轮流扶住，在能够掌握平

衡之后，再放下手进行练习，注意保持物品不掉下来。通过训练，使背脊、脖子竖直，上半身不随便摇晃。

⑤连续动作训练。左腿屈膝，向上抬起，提腿向正前方迈出，脚跟先落地，经脚心、前脚掌至全脚落地，同时右脚后跟向上慢慢抬起，身体重心移向左腿。换右腿屈膝，经过与左腿膝盖内侧摩擦向上抬起，勾脚迈出，脚跟先着地，落在左脚前方，两脚间相隔一脚距离。迈左腿时，右臂在前；迈右腿时，左臂在前。将以上动作连贯运用，反复练习。

⑥步态综合训练。训练行走时各种动作要协调，女士最好穿西装裙和半高跟鞋练习。最好配上节奏感较强的音乐，训练行走时的节奏感。注意目光平视，不能往地上看，要挺胸、收腹、立腰、面带微笑。注意掌握好走路时的速度、节拍，保持身体平衡，双臂摆动要对称，整体动作要协调。

（5）错误的行姿礼仪

①横冲直撞。有的人在行进时，不是尽可能地避免在人群之中穿行，而是偏偏乐于拣人多的地方行走甚至在人群之中乱冲乱闯，直接碰撞他人的身体。这是一种极其失礼的做法。

②悍然抢行。每个人在行进时，都要注意方便和照顾其他人。在人多路窄之处通过时，务必讲究"先来后到"。必要时，为了表示对别人的尊重，还应当对其他人"礼让三分"，让道于人。若是在行进时争先恐后，不讲先后次序，甚至公然抢道而行，必将为他人所耻笑。

③阻挡道路。在公共场合行进时，一定要顾及他人。为此，不仅要选择适当的行进路线与同时行进的其他人员保持一定的方位，而且还要保持一定的行进速度。不然，很有可能阻挡他人行进的道路。在道路狭窄之处，悠然自得地缓步而行，甚至走走停停，或者多人并排而行，都是不适当的。

④不守秩序。为了保证公共场所道路的畅行无阻，每个人在行进时，都有遵守交通秩序的义务。行进之时一定要高度自觉地严守有关的交通秩序。一切带有禁止通行标志的地方，均不得擅自通过。

⑤蹦蹦跳跳。在他人注目的情况下行进时，必须注意保持自己的风度。有的人走路上蹿下跳，蹦来蹦去，甚至连蹦带跳。这种情况出现在少年儿童身上不算过分，可是职场人如果出现这种表现，就不适宜了。

⑥奔来跑去。假定有急事要办的话，可以在行进之时努力加快自己的步伐。但若非碰上紧急情况，最好不要在工作之时跑动，尤其是不要当着服务对象的面，突然狂奔而去。这样做，会令不明真相的人猜测不已，甚至产生紧张情绪。

⑦制造噪声。要特别注意的是，走路要轻手轻脚，不要落地时过分用力；上班时不要穿带有金属鞋跟的鞋子以防接触地面时频频作响；所穿鞋子一定要舒适、跟脚。

⑧步态不雅。在行进当中，要注意不要有不雅的步态，如"八字步"或"鸭子步"，或步履蹒跚、腿伸不直、脚尖先着地等。

以上这些都是错误的行姿礼仪，会严重影响人的形象，应当避免。

第三节　手势礼仪

手势语是通过手和手指的动作来传情达意的体态语言。不同的手势传递不同的信息，体现着人们的内心活动和对待他人的态度。所以手势动作的准确与否、幅度大小、力度强弱、速度快慢、时间长短都是有讲究的，如使用不当，很容易使人感到不愉快或产生误会；而恰当地运用手势可以增强表情达意的效果，富有感染力，所以在工作中一定要正确运用手势语。

手是人体态语中最重要的传播媒介，招手、挥手、握手、摆手等都表示着不同的意义。人在紧张、兴奋、焦急时，手都会有意无意地表现情绪。手势也是人们交往时不可缺少的动作，是最有表现力的一种"体态语言"，俗话说，"心有所思，手有所指"。作为仪态的重要组成部分，手势应该得到正确地使用。手势表现的含义非常丰富，表达的感情也非常微妙复杂。例如，招手致意、挥手告别、拍手称赞、拱手致谢、举手赞同、摆手拒绝；手抚是爱、手指是怒、手搂是亲、手捧是敬、手遮是羞，等等。手势的含义，或是发出信息，或是表示喜恶，表达感情。恰当地运用手势表情达意，会为交际形象增辉。

现代社会，必须通过对方的手表现出的各种仪态，准确判读各种手势传达出的各种真实的、本质的信息，有效地根据不同对象适度施礼，以完成社交任务。

》》 一、使用手势的要求

使用手势的总体要求是准确、规范、适度。

（一）手势的使用要准确自然

在现实生活中，为避免手势使用不当，引发交际双方沟通障碍，甚至误解，必须注意手势运用的准确。要注意用不同的手势，表达不同的意思，并使手势与语言表达的意思一致。

自然就是手势动作要行云流水，不要刻意模仿别人的动作，一个人的手势是表情的有机组成部分，某人做美的，硬移到他人身上就不一定美。相反，有时破坏了自身的和谐，反而肢解了自身的完整形象。手势的亲切感往往取决于时间与线条。稍稍慢一些的手势会使人感到亲切，手势的轨迹是曲线的也会使人感到亲切一些。只有自然亲切，才会给人和蔼可亲的美感。与人交往时，多用柔和、曲线的手势，少用生硬的直线条手势，可以拉近人与人之间的心理距离。

（二）手势的使用要规范

在一定的社会背景下，每一个手势，如"介绍"的手势、"递名片"的手势、"请"的手势，"鼓掌"的手势等，都有其约定俗成的动作和要求，不能乱加使用，以免产生误解，引起麻烦。

以鼓掌为例，鼓掌是表示欢迎、祝贺、赞许等的礼貌举止。在正式社交场合，观看文艺演出、重要人物出现、听报告、听演讲等都可用热烈的掌声表示钦佩、祝贺。鼓掌的标准动作应该是用右手掌轻拍左手掌的掌心，鼓掌时不应戴手套，宜自然，切忌为了使掌声大而使劲鼓掌，掌声应自然终止。鼓掌要热烈，但不要"忘形"，一旦"忘形"，鼓掌的意义就发生了质的变化而成了"喝倒彩""鼓倒掌"，有起哄之嫌，这样是很失礼的。注意鼓掌尽量不要用语言配合，那是无修养的表现。

（三）手势的使用要适度

与人交谈时，可随谈话的内容做一定的手势，这样有助于双方的沟通，但手势的幅度不宜过大，以免适得其反，显得粗俗无修养。同时，手势的使用也应有所限制，并非多多益善，如果使用太多，滥用手势，会让人产生反感。尤其是当手势与语言、面部表情及身体其他部位动作不协调时，会给人一种装腔作势的感觉。

在社交场合，应注意手势幅度的大小。手势的上界一般不应超过对方的视线，下界不低于自己的胸区，左右摆的范围不要太宽，应在人的胸前或右方进行。一般场合，手势动作幅度不宜过大，次数不宜过多，不宜重复。

（四）手势的使用要看场合对象

得体的手势也要看具体的场合和对象。不同的交往对象和场合要讲究不同的手势速度、范围和轨迹。

（五）手势的使用要注意不同民族、地区差异

有些手势在使用时应注意不同民族和地区的不同习惯，不可以乱用。因为各地习俗迥异，相同的手势表达的意思，不仅有所不同，而且有的大相径庭。

总之，手势的运用要准确自然、规范适度、注意区别场合对象、不同民族地区的差异，才能给人一种优雅、大方、彬彬有礼的感觉，才能真正体现出尊重和礼貌。

手势的表达功能主要分为四类。

（1）形象手势。使用手势来表达实体的一些信息，如山势的缓、陡，物体的薄、厚、大、小等。

（2）情感手势。使用手势来表达个体的情感，如双手鼓掌表示赞同，拱手表示答谢，摆手表示拒绝，搓掌表示期待，劈掌表示果断、决心等。

（3）指示型手势。使用手势来指示方向、物体等。

（4）自我手势。使用手势来表示自我存在或自我意志，如在课堂上，举手表示到场或个体需要发言；投票的时候，举手表示个体同意此项提议。

做到优雅的手势，应遵循以下原则。

（1）手势不宜过多。手势过多，使对方眼花缭乱，会给人一种喘不过气的压迫感，容易分散人的注意力，使对方不能辨别重点所在。同时，也容易令人产生轻佻的感觉，给人留下装腔作势、缺乏涵养的感觉。

（2）手势不宜过大。手势较大幅度地挥舞，在使对方惊异的同时，也带来了一种不安全感。它不仅缺乏美感和艺术性，而且令人烦躁不安、心神不定。

（3）手势不宜过快。手势过快的指来划去，会给人造成一种紧张感，缺乏心理过渡，无法引人注意。

（4）手势不宜过高。手势过高，超过头顶固然会引起他人的注意，但有失端庄、大方。

》 二、不正确的手势

日常生活中某些手势会令人极其反感，严重影响个体的交际形象。例如，当众搔头皮、掏耳朵、抠鼻孔、剔牙、咬指甲、剜眼屎、修指甲、揉衣角、搓泥垢及用手指在桌上乱画等，应注意为人指路时，切忌伸直一根指头；在社交场合，不能用手指指点，与人说话不要打响指；在任何情况下，不要用拇指指着自己的鼻尖和用手指点他人；在递送或接取他人物品时，在可能的情况下，以双手递接最佳，不方便双手并用时，也宜采用右手，以左手递物通常被视为失礼之举。

》 三、手势的含义

手势可以表达丰富的内涵，在我国，手势也有一些约定俗成的含义。

如果对方双手相搓，如果不是天冷，就是在表达一种期待；对方咬手指或指甲，如果他不是幼儿，那他在心理上可能不成熟，涉世不深；对方说话时，双手插于口袋，则显示轻视或不信任；如果对方迅速用手捂在嘴前，显然他是觉得吃惊；对方用手成"八"字形托住下颌，是沉思与深算的表现；对方用手挠后脑，抓耳垂，表明对方有些羞涩或不知所措；手无目的地乱动，说明对方很紧张，情绪难控；如果双方不自觉地摸嘴巴、擦眼睛，对方十有八九没说实话。

老是摸鼻子，说明已经厌烦了对话；用食指指点对方，是在指责，数落对方；竖起大拇指表示称赞；翘起小拇指则是瞧不起；摊开双手，表示出一种真诚和坦率，或流露出某种无奈；握拳，显示出决心或表示愤怒、不满。

十指交叉，或放在胸前或垂于胸前，常表示紧张、敌对或沮丧；双手指尖相抵，形成塔尖形，置于颔下的动作，是向对方传达自己充满自信的信号，若再伴以身体后仰则显得高傲；如果把尖塔倒过来，移到腰部以下，这叫"倒尖塔行为"，意思就完全不同了，这个动作往往产生于心情比较平静时，表示愿意洽谈或虚心听取别人的意见。

一般认为，掌心向上的手势有诚恳、尊重他人的含义；掌心向下的手势意味着不够坦率、缺乏诚意；攥紧拳头暗示进攻和自卫，也表示愤怒；伸出手指来指点，是要引起他人的注意，含有教训人的意味。因此，在介绍某人、为某人引路指示方向、请人做某事时，应该掌心向上，以肘关节为轴，上身稍向前倾，以示尊敬。这种手势被认为是诚恳、恭敬、有礼貌的。

由此可见，手是体态语中最重要的传播媒介之一。我们不必每一句话都配上手势，手势做得太多，会使人觉得不自然。可是在重要的地方，配上适当的手势，就会吸引人们的注意，优美动人的手势常常令人心中充满惊喜。在让座、握手、传递物件、表示默契及谈话进行中用手势，手势会成为交际的一部分，可以加强语言的力量，丰富我们的社交形象。

第四节　表情礼仪

表情是指人的面部情态，即通过面部眉、眼、嘴、鼻的动作和脸色的变化表达内心的思想感情。在人际沟通方面，表情起着重要的作用。优雅的表情，可以给人留下深刻的第一印象。表情是优雅风度的重要组成部分。学习表情礼仪，总的要求是要理解表情、把握表情，不论是在社交、公务或公共场合，表情都要热情、友好、轻松、自然。那么，表情的特点是什么？

》 一、表情的特点

（一）表情的复杂性

表情是人体语言中最丰富的部分，也最有表现力，它能迅速、灵敏而又充分地表达人类的各种感情。法国著名作家罗曼·罗兰说过："面部表情是多个世纪培养成的语言，是比嘴里讲得更复杂千百倍的语言"。脸色的变化，肌肉的收展以及眉、眼、嘴等的动作组成了多种多样的面部表情，反映了人类深刻而复杂的内心世界。

（二）表情的共同性

有人称人的面部表情是一种世界语。美国心理学家埃克曼在1973年做了一个实验，他在美国、巴西、智利、阿根廷、日本等国家中选择被试者，拿一些分别表明喜悦、厌恶、惊异、悲惨、愤怒、恐惧等情绪的照片让他们辨认，其结果是绝大多数被试者的"认同"趋于一致。达尔文认为，人类不管属于哪种文化层次，面部表现大体相同。

（三）表情的真实性

表情不像有声语言那样明确而完整，但它在表露人的性格、气质、态度、心理活动等方面却更真实可靠。一个人所说的话可能是真实的，也可能是虚假的，语言可以言不由衷，而人的表情却往往是难以掩饰的。当然，面部的表情有天生的因素，但是后天的气质、内涵、学识、性格等必然真实地反映在脸上，它与修养水平有十分密切的关系。

构成表情的主要因素，一是目光，二是笑容。

》》二、目光礼仪

目光，也称眼神，是面部表情的核心。泰戈尔说："（任何人）一旦学会了眼睛的语言，表情的变化将是无穷无尽的"。眼睛是五官中最敏感的器官，被称为人类的心灵之窗。它能够自然、明显、准确地表现人的心理活动。

在人际交往时，目光是一种真实的、含蓄的语言。"眼睛是心灵之窗"，从一个人的目光中，可以看到他的内心世界。一个拥有良好交际形象的人，目光应是坦然、亲切、友善、有神的。在与人交谈时，目光应当注视着对方，以表现出诚恳与尊重。与人交往时，冷漠的、呆滞的、疲倦的、轻视的、左顾右盼的眼光都是不礼貌的。切不可盯人太久或反复上下打量人，更不可以对人挤眉弄眼或用白眼、斜眼看人。

（一）目光的作用

1. 传递真实信息

目光是一种真实、含蓄的语言。人们的喜怒哀乐、爱憎好恶等思想情绪，都能从眼睛中表现出来。专家研究表明，眼睛的瞳孔受中枢神经控制，能如实地显示大脑正在进行的一切活动。当人们看到有趣的或心中喜爱的东西时，瞳孔就会扩大；而看到不喜欢的或厌恶的东西时，瞳孔就会缩小。可以说，瞳孔是人兴趣、偏好、动机、态度、情感和情绪等心理活动的高度灵敏的显像屏幕。所以早在2000多年前，孟子就说："听其言也，观其眸子"（《孟子·离娄上》）。

目光接触时间的长短，也表达着一些信息。心理学实验表明，人们视线接触的时间，通常占交往时间的30%～60%。如果超过60%，则表示对对方本人的兴趣可能大于谈话的内容；低于30%，则表明对对方本人或交谈的话题没有兴趣。

2. 展示交际形象

在与人交往中，不同的目光会给人留下不同的印象。目光亲切、友善，会给人留下平易近人的印象；目光炯炯，给人以精力旺盛的印象；目光坦然，给人以值得信任的印象；目光如炬，给人以富有远见的印象。反之，目光迟钝，给人以衰老、虚弱的印象；目光闪烁，给人以神秘、心虚的印象，等等。

3. 表达相互尊重

在人际交往中，用自信、坦率的目光正视交际对象，将视线停留在对方双肩和头顶所构成的一个正方形的区域内，能够表达出诚恳与尊重。在来宾众多或不方便逐一打招呼的情况下，用目光向其他客人示意，能消除他们被冷落的感觉，使其感到受到了尊重和欢迎。

（二）运用目光的礼仪

目光是一种重要的礼仪。在目光接触中，注视的部位、角度和时间不同，表明双方的关系也不同。

1. 注视的部位

注视的部位分以下3种：公事注视，是人们在洽谈业务、磋商交易、交办任务和商务谈判时所使用的一种注视，位置在对方双眼或双眼与额头之间的区域；社交注视，是人们在社交场合所使用的一种注视，位置在对方唇心到双眼之间的三角区域；亲密注视，是亲人或恋人之间使用的一种注视，位置在对方双眼到胸之间的区域。

2. 注视的角度

注视的角度不同，目光的含义也不同。俯视，一般表示爱护、宽容或傲慢、轻视；正视，一般多为平等、公正或自信、坦率；仰视，一般体现尊敬、崇拜、期待；斜视，表示怀疑、疑问、轻蔑。初次见面，视线左右扫描，表明心理上占据优势。交往中视线朝下，手扶着头，眼皮下垂，是"不耐烦"的表现。在与人交谈的过程中，目光应以温和、大方、亲切为宜，多用平视的目光，双目注视对方的眼鼻之间，表示重视对方或对其发言颇感兴趣，同时也体现出自己的坦诚。

3. 注视的时间

注视对方时间的长短也传递着信息。注视对方的时间少或不屑一顾，表示冷落、轻视或反感；长时间注视对方，特别是对异性盯视和对初识者上下打量，是失礼的行为，往往会使对方把目光移开，以示退让，会引起其心理的不快，从而影响交际效果。

在交往中，目光注视时间的长短，要视关系亲疏和对对方的重视程度而定。一般对初次接触的人，不能直视对方，应先平视一眼，同时做微笑、点头、问候或握手等动作，然后转视他人或四周，避免相互长时间对视。对于熟人、故交，或对交往对象表示友好、重视，可注视对方的时间长一些。在谈话中，目光与对方接触累计应达到整个谈话过程的30%～60%，而听的一方注视（说的一方）的时间比说的一方（注视听的一方）要长一些。有时双方目光会出现对视，此时不要迅速躲闪，而应泰然自若地缓慢移开视线。当然，注视不是凝视，如果盯住对方脸上的某一部位，会使其感到不自然，应该采用"散点柔视"。

4. 其他要求

要想达到最佳的交际效果，必须学会巧妙地使用目光。例如，见面握手、问候时，要亲切、热情地望着对方；与人交谈时，要善于对对方的目光做出积极的反应；当询问对方身体及家人近况时，应用关切的目光；征询对方意见，用期待的目光；在对方表达支持、合作意向时，应用喜悦的目光；在得知对方带来意外的好消息时，用惊喜的目光；对对方谈话内容感兴趣时，用关注的目光；听到有启发性的意见，用赞赏的目光；中间插话、转移话题或提问时，用歉意的目光；要给对方一种亲切感时，用热情而诚恳的目光；要给对方一种稳重感时，用平静而诚挚的目光；要给对方一种幽默感时，用俏皮而亲切的眼光；送别客人时，要"目送"客人远去，以示尊敬友好。故意回避对方或目光闪烁不定，会造成交流的障碍。但当双方缄默不语，或别人失言时，不应再注视对方，以免加剧已有的尴尬。总之，应最大限度地运用目光的表现力，创造一个最佳的交际氛围。

（三）目光注视的忌讳

和别人相处的时候，不可以注视对方头部、胸部、腹部、臀部、大腿或脚部和手部。注视那些"禁区"，会引起对方强烈的反感。

眼睛转动的幅度与快慢必须遵循一个"度"，不能太快也不能太慢，否则有"挤眉弄眼""贼眉鼠眼""死鱼眼睛""呆若木鸡"之嫌，给人以轻浮、不诚实或迟钝、呆板的印象。

与异性交往不宜上下、左右反复打量，会使对方感觉很不舒服。从注视的角度来说，提倡平视，这样会显示出自己的自信，不卑不亢。

▶▶ 三、微笑礼仪

在人的面部表情中，除目光之外，最动人、最有魅力的就是微笑。它是沟通双方心灵的润滑剂，是最能打动人的无声语言，被称为"世界语"。

（一）微笑的作用

微笑是人际关系的黏合剂，是"参与社交的通行证"，也是待人处世的法宝。在人际交往中，起着重要的作用。

1. 融洽气氛

微笑有一种天然的吸引力，是人际交往的一种轻松剂和润滑剂。它能使人相悦、相亲、相近，能有效地缩短双方的心理距离，打破交际障碍，为深入的沟通与交往创造真诚、融洽、温馨的良好氛围。

当你第一次踏入社交场合，或第一次与客人交往，不免会感到紧张、羞怯，而微笑可以帮助你摆脱窘境——对方的友好微笑可以化解你的局促；你的微笑也可以帮助自己镇定。在交谈中，表示友善、欢迎、亲切，要面带微笑；表示请求、道歉、拒绝，更应面带微笑，如让人久等了，边微笑边说"对不起"，可以消除对方的怨气。

2. 减少摩擦

微笑是一种特殊的情绪语言，它可以起到有声语言起不到的作用。它是一个人对他人态度诚恳的一种表现，能给人以亲切、友好的感受，帮助对方驱散笼罩在心头的"阴云"，消除彼此的误解、疑虑和隔阂。

微笑是善意的标志、友好的使者、礼貌的表示。当碰到他人向你提出不好满足的请求或要求时，若板起脸来拒绝，往往会招人反感。而微笑不但可以为你赢得思考的时间，而且可以使你的拒绝让人容易接受，从而不伤和气地解决问题。

3. 美化形象

微笑给人以亲切、甜美的感受，是一个人最美的神态。微笑作为一种表情，不仅是形象的外在表现，也是人的内在精神的反映。一个善于微笑的人，心理一定是健康的，笑口常开的人，常常也是一个心地善良、心胸豁达、乐观向上的人，是一个热爱工作、奋发进取、充满自信的人。可以说，微笑是礼仪的基石，也是一个人礼仪修养的展现。因此，善于微笑的人，往往会赢得他人的好感和信赖。

（二）微笑的礼仪规范

微笑是社交场合最富有吸引力的面部表情。

1. 基本要求

对微笑基本要求是真诚、自然、亲切、甜美、适度。微笑时，面部肌肉放松，嘴角两端微翘，适当露出牙齿，但不发声。

微笑的美在于文雅、适度，不能随心所欲，不加节制，想怎么笑就怎么笑。微笑应注意场合、对象，不能走到哪里笑到哪里，见谁对谁笑。例如，特别严肃的场合，不宜笑；当别人做错了事，说错了话时，不宜笑；当别人遭受重大的打击，心情悲痛时，不宜笑。相反，当两人初次见面时，微笑可以拉近双方的距离；同事见面时点头微笑，显得亲切、融洽；商务人员对顾客微笑，表现出热情与主动；商务洽谈时微笑，显得潇洒大方、不卑不亢；当别人与自己争执时，不温不火地微笑，既能缓解对方的紧逼势头，又能赢得主动的时间；当对方提出一些不好回答或不便回答的问题时，可轻轻一笑不作回答。

2. 其他要求

微笑要发自内心，要得体，不能强作欢颜。服务行业有的要求服务人员微笑时露出八颗牙，其实每个人笑得最美的时候，露多少颗牙是不一样的。所以应该照着镜子找到自己最漂亮、最生动、最迷人的微笑。

有一首诗说得好，"微笑一下并不费力，但它却能产生无穷的魅力。受惠者会变得富有，施予者并不会变得贫穷。它转瞬即逝，却往往留下恒久的回忆。富者虽富，却无人肯抛弃它；贫者虽贫，却无人不能施与它。它带来家庭之乐，又是友谊绝妙的表示。它可使疲劳者解乏，又可给绝望者以勇气。如果偶尔遇到某个人，没有给你应得的微笑，将你的微笑慷慨地给予他吧，因为没有任何人比那不能施与别人微笑的人更需要它！"

总之，使用微笑的表情语，再配以得体的文明用语，会使无声语言与有声语言相得益彰。

（三）微笑的训练

训练口号：笑吧，尽情地笑吧！笑对自己，笑对他人，笑对生活，笑对一切！

1. 模拟微笑训练法

（1）轻合双唇。

（2）两手食指伸出（其余四指自然并拢），指尖对接，放在嘴前15～20厘米处。

（3）让两食指尖以缓慢匀速分别向左右移动，使之拉开5～10厘米的距离。同时嘴唇随两食指移动速度而同步加大唇角的展开度，并在意念中形成美丽的微笑，让微笑停留数秒。

（4）两食指再以缓慢速度向中间靠拢，直至两食指相接；同时，微笑的唇角以两指移动的速度，同步缓缓收回。需要提示的是，训练微笑缓缓收住很重要，切忌不能让微笑突然停止。

如此反复训练20～30次。

2. 情绪诱导法

情绪诱导法就是设法寻求外界物的诱导、刺激，以求引起情绪的愉悦和兴奋，从而唤起微笑的方法。例如，打开你喜欢的书页，翻看使你高兴的照片、画册，回想过去幸福生活的片段，放一些自己喜欢的、容易使自己快乐的乐曲等，以期在欣赏和回忆中引发快乐和微笑。有条件者，最好用摄像机摄录下来。

3. 记忆提取法

据载这是演员在训练中常采用的一种方法，也被称为"情绪记忆法"。就是将自己过去那些最愉快、最令人喜悦的情景，从记忆中唤醒，使这种情绪重新袭上心头，重享那惬意的微笑。

4. 观摩欣赏法

这是几个人凑在一起，互相观摩、议论，互相交流，互相鼓励，互相分享开心事从而微笑的一种方法。也可以平时留心观察他人的微笑，把精彩的"镜头"封存在记忆中，时时模仿。

5. 含箸法

选用一根洁净、光滑的圆柱形筷子（不宜用一次性的简易木筷，以防拉破嘴唇），横放在嘴中，用牙轻轻咬住（含住），以观察微笑状态。但此法不易显示与观察双唇轻闭时的微笑状态。

6. 意念法

这是一种已经有了微笑训练基础或善于微笑的人，不用对镜或其他道具，而只用意念控制、驱动双唇，以求达到最佳微笑状态的训练法。

这种方法好处很多。一是不必用镜子，二是可以随时随地、悄无声息地进行，三是此法是培养微笑意识和微笑习惯的最佳途径。

7. 辅助法

辅助训练法的主要目的是训练面部及相关部位肌肉的灵活性，使微笑更自然、动人的一种间接训练方法。

（1）面部按摩。在面部轻涂一层护肤霜及面霜，从面庞的中央部分开始，向两边轻轻地按摩，一般10～15分钟即可。主要目的是训练面部肌肉的活动、舒展，并保养面部皮肤，以期有助于微笑的美丽。

（2）头颈部运动。一是左右向位。站直或坐直，使颈部轻轻地左转——复位——右转——复位，如此反复多次。二是前后向位。即低头——复位——仰头，反复多次。三是轻缓地使颈部做旋转运动，反复多次。这主要是使颈部肌肉活动灵活，不仅对眼神训练和转体微笑有所助益，而且对健康亦有好处。

（3）唱歌。美容专家认为唱歌可以美容，可以使面部的肌肉群发生有节奏的运动，有益于促进面部血液循环和营养的供应，增强面部组织细胞的活力，从而使面容增色且富有弹性。心理学家认为唱歌可以调整人们的情绪，可以治病。唱歌对微笑也很有好处，从微笑训练角度出发，在唱歌之前和之后，都不要忘记微笑一下。

（4）咀嚼、鼓腮、漱口。经常有意无意地重复这些动作，于皮肤健康和微笑训练都是有益的。

8. 他人诱导法

熟人之间互相通过一些有趣的笑料、动作引发对方发笑。

9. 口型对照法

通过一些相似性的发音口型，找到适合自己最美的微笑状态，如"一""茄子""呵""哈"等。

第五节　其他举止礼仪

除了站姿、坐姿、行姿以及常用的手势之外，其他动作举止也必须优美得体，才能塑造良好的交际形象。

一、蹲姿

蹲姿即蹲的姿势，是在低处取物，拾物时所呈现的姿势。它是人体静态美和动态美的综合。蹲姿的风度是"蹲要雅"，在日常生活中，当个体遇到需要捡落在地上的东西或系鞋带等情况时，都要做到动作美观、姿势优雅地下蹲。

（一）蹲姿的规范

正确的蹲姿需遵循以下规范。

（1）直腰下蹲。首先要讲究方位，当需要整理鞋袜或整理低处物品时，可面朝前方，两脚一前一后，目视物品，直腰下蹲；如果对方在你对面，应该选择侧身相向，直腰下蹲。女士下蹲时，如果有必要，要左手轻挡前胸，右手稍捋裙摆。

（2）直腰站起。当整理或捡起物品后，应先直起腰部，使头部、上身、腰部在一条直线上，再稳稳站起。

（二）蹲姿的种类

蹲姿有许多种类，如高低式、单膝式、交叉式。高低式是一种常用的蹲姿，其基本特征是双膝一高一低，下蹲后左脚在前，完全着地，小腿基本垂直地面，右脚在后，脚跟提起；单膝式是一个非正式的蹲姿，它多用于下蹲时间较长或需要方便用力之时，其基本特征是双腿一蹲一跪；交叉式是一种优美的蹲姿，其基本特征是下蹲后，左脚在前，右脚在后，左腿在上，右腿在下，二者交叉重叠，这种姿势最适合穿长裙的女士。

（三）不良蹲姿

不良蹲姿有如下几种。

（1）弯腰撅臀。这种蹲姿在我们日常生活中随处可见，其对后面的人来说是一种非常失礼的行为。女士穿裙装切不可采用此种姿势。

（2）平行下蹲。这种姿势被称为"蹲厕式"蹲姿，由其名可知，这种姿势是非常失礼的，它不仅不雅观，而且对他人来说是非常不敬的。其动作为两腿左右分开平行下蹲。

（3）下蹲及站起时过快、离人过近。在行走的过程中，下蹲及站起过快，一方面给人突兀、惊讶的感觉，另一方面自身容易产生头晕的感觉，对健康不利，如果双方下蹲的距离过近，容易造成"迎头相撞"的窘态。

（4）蹲在地上或椅子上休息是严格禁止的。

二、上下楼梯

上下楼梯时要以优雅的行姿为基础。头要正，背要伸直，胸微挺，臀部要收，脚步要轻，速度要快，应靠右走。

➤➤ 三、上下轿车

上车时应侧身，一只脚伸入，下半身先进去，上半身和另一只脚再自然移入，不能先把头钻进去。下车时也要侧着身，移动至靠近车门，伸出一只脚，上半身和另一只脚再自然移出，站稳后，缓步离去。下车时男士、下级、晚辈要先下车帮助女士、上级、长辈把车门打开，另一只手撑在车门上，以免对方碰头。

➤➤ 四、递物与接物

递物与接物是一种常用动作，应当双手递物、双手接物，表现出对对方的礼貌和尊敬。递物时要注意，如果是文件、名片等要将正面对着接物的一方，以便对方能够看清楚物品；如果是尖利的物品，应将尖头的部分朝向自己，不能指向对方。接物时不能漫不经心，在双手接物的同时，应点头示意或说"谢谢"。

➤➤ 五、回头

倘若不假思索，只将头部和视线转向对方，很容易让人误会你在瞪他。正确的姿势是，回头时让身体也稍向后侧，转向对方，以给人谦恭、友好的印象。

➤➤ 六、招手

若碰到较亲近的朋友或同事，可招手表示问候。招手时，手的高度以在肩部上下为宜，手指自然弯曲，上臂与上体的夹角在30°左右。

（一）请的手势

在标准站姿基础上，将手从体侧提至小腹前，优雅地划向指示方向，五指并拢，掌心向上，上臂与上体的夹角在30°左右，手肘的夹角在90°～120°，以亲切柔和的目光注视客人，并说些适宜的话语。

（二）鼓掌

鼓掌一般表示欢迎、祝贺、赞同等意。鼓掌时，一般将左手抬至胸前，掌心向上，四指并拢，虎口张开，用右手去拍打左手发出声响。

第六节　基本职场礼仪

➤➤ 一、同事相处的礼仪

（1）真诚合作。各部门的工作人员都要有团队精神，真诚合作，相互尽可能给对方提供方便，共同做好工作。

（2）宽以待人。在工作中，对同事要宽容友善，不要抓住一点纠缠不休，要明了"人非圣贤，孰能无过"的道理。要注意公平竞争，不在竞争中玩小聪明，公平、公开竞争才能使人心服口服，应凭真本领取得竞争胜利。

（3）主动打招呼。每天进出办公室要与同事打招呼，不要叫对方小名、绰号，也不要称兄道弟或以肉麻的话称呼别人。

（4）诚实守信。对同事交办的事要认真办妥，遵守诚信，如自己办不到应诚恳讲清楚。

二、与上级相处的礼仪

（1）尊重上级。要帮助上级树立权威，确保有令必行。不能因个人恩怨，而泄私愤、图报复，有意同上级唱反调，有意损害其威信。

（2）支持上级。只要有利于事业的发展，有利于工作，就要积极主动地支持上级，配合上级开展工作。

（3）理解上级。在工作中，应尽可能地替上级着想，为其分忧。不管自己同上级的私人关系有多好，在工作中都要公私分明。

（4）不要有意与上级"套近乎"、溜须拍马；也不要走另一个极端，不把上级放在眼里。上下级关系是一种工作关系，作为下属应当安分守己。

三、汇报的礼仪

（1）遵守时间。汇报工作时要遵守时间，不提早，也不推迟。

（2）注意礼貌。先敲门，经允许后再进门汇报，汇报时要注意仪容、体态，做到文雅大方、彬彬有礼。

（3）语言精练。汇报时要口音清晰，声音适当，条理清楚。

（4）汇报结束后应等上级示意后再告辞。告辞时，要整理好自己的物品和用过的茶具、座椅。当上级送别时，要主动说"谢谢"或"请留步"。

四、听取下级汇报的礼仪

（1）守时。如果已约定时间，应准时等候，如有可能可稍提前一点时间，并做好记载要点的准备，以及其他准备。

（2）及时招呼汇报者进门入座，不可居高临下，盛气凌人。

（3）善于倾听。当下级汇报时，可与之目光交流，配以点头等表示自己认真倾听的体态动作。对汇报中不甚清楚的问题及时提出来，要求汇报者重复、解释，也可以适当提问，但要注意所提的问题应不至于打消对方汇报的兴致。

（4）不要随意批评、拍板，要先思而后言。听取汇报时，不要频繁看表或打呵欠、做其他事情等不礼貌的行为。

（5）要求下级结束汇报时，可以通过合适的体态语或用委婉的语气告诉对方，不能粗暴打断。

（6）当下级告辞时，应站起来相送。如果联系不多的下级来汇报时，还应送至门口，并亲切道别。

》》 五、使用电话的礼仪

接听电话应及时、准确、语言规范。

（一）接听电话礼仪

电话铃响应立即去接，一般电话铃响不会超过三次。

接听后，首先致以简单问候，如"早上好"或"您好"，语气应柔和亲切。外线电话应报单位名称，内线电话应报部门或岗位名称。然后认真倾听对方的电话事由，如需传呼他人，应请对方稍候；如是对方通知或询问某事，应按对方要求逐条记下，并复述或回答对方。最后，应对对方打来电话表示感谢，等对方放下电话后，自己再轻轻放下。

（二）拨打电话礼仪

首先将电话内容整理好，并在正确无误查好电话号码后，向对方拨出号码。对方接听后，应致以简单问候，并做自我介绍。然后说明要找的通话人的姓名或委托对方传呼要找的人，如确定对方为要找的人应再次致以简单的问候。接着按事先准备的通话内容逐条讲述，确认对方明白或记录清楚后，再致谢、告别。最后，等对方放下电话后，自己再轻轻放下。

（三）通话时的声音礼仪

首先，咬字要准确，通话时如果咬字不准，含含糊糊，就难让人听清听懂；其次，音量调控，音量过高会令人耳鼓欲裂；音量过低，听起来含糊不清；再次，语速要适中，通话时讲话的速度应适当地放慢，不然就可能产生重音；最后，语句简短，通电话时所使用的语句务必精练简短，这样不仅可以节省对方的时间，而且会提高声音的清晰度。

在通话过程中，要特别注意避免以下不礼貌的现象出现。

（1）无礼。通话时要以礼相待，不可电话铃响迟迟不接，或对来电内容刨根问底，或表示出不耐烦的情绪等。

（2）傲慢。通话时不可盛气凌人、语气不好，或有气无力、不负责任。

（3）急躁。通话时不可不等对方说完便抢话说，也不可一口气说得太多、太快，或未等对方把话讲完就挂机。

（4）优柔寡断、拖泥带水。回答对方的问题不可似是而非，犹犹豫豫，毫无把握。

（5）态度粗鲁、语言生硬。

》》 六、搭乘电梯的礼仪

在电梯门口处，如有很多人在等候，不要挤在一起或挡住电梯门口，以免妨碍电梯内的人出来，应先让电梯内的人出来之后再进入，进入时不可"争先恐后"。男士、晚辈或下属应站在电梯开关处提供服务，让女士、长辈或上司先行进入电梯，随后自己再进入。与客人一起搭乘电梯时，应为客人按键，并请其先进出电梯。电梯内不可抽烟，不能乱丢垃圾、吐痰，并尽量少说话。在电梯里，尽量站成"凹"字形，挪出空间，以便让后进入者有地可站。即使电梯中的人都互不相识，站在开关处者，也应做开关的服务工作。

》》七、餐桌礼仪

（一）餐桌上的座位顺序

招待客人进餐时，必须判定上、下位的正确位置，上位有窗边的席位、里面的席位、能远望美景的席位。

安排座位时，应请客人、上级先入座。

预订场地时，应交代店方留好的位置，尽量不要选择厕所旁或高低不平的角落就餐。

（二）餐桌礼仪

（1）中餐一般都使用圆桌，中间有圆形转盘放置菜肴，进餐时，将喜欢的菜夹到面前的餐具内享用。

（2）主客优先。主客还未动筷之前，不可以先吃；每道菜都应等主客先夹菜，其他人再依序动手。

（3）有人夹菜时，不可以转动桌上的转盘；有人转动转盘时，要留意有无刮到桌上的餐具或菜肴。

（4）不可一人独占喜好的食物。

（5）避免使用太多餐具。中餐可以边吃边聊，众人同乐，只要遵守基本礼仪，可以尽情地聊天。

附　录

服饰搭配设计欣赏

» **一、女士职业装**

附图1　女士职业装（1）

附图2 女士职业装（2）

附图3 女士职业装（3）

附图4 女士职业装（4）

附图5 女士职业装（5）

附图6　女士职业装（6）

附图7　女士职业装（7）

附图8　女士职业装（8）

附图9　女士职业装（9）

附图10　女士职业装（10）

附图11　女士职业装（11）

附图12　女士职业装（12）

附图13　女士职业装（13）

二、男士职业装

附图14 男士职业装（1）

附图15 男士职业装（2）

附图16 男士职业装（3）

附图17 男士职业装（4）

附图18　男士职业装（5）

附图19　男士职业装（6）

附图20　男士职业装（7）

参考文献

[1] 【美】汤姆·邓肯. 品牌至尊[M]. 北京：华夏出版社，2000.

[2] 卞宗舜. 标志设计[M]. 长沙：湖南大学出版社，2004.

[3] 【美】吉姆·克劳斯. 创意设计指南[M]. 上海：上海人民美术出版社，2002.

[4] 张雪. 后现代标志设计[M]. 广州：岭南美术出版社，2003.

[5] 【澳】马克斯·萨瑟兰. 广告与消费者心理[M]. 北京：世界知识出版社，2002.

[6] 【英】保罗·斯图伯特. 品牌的力量[M]. 北京：中信出版社，2001.

[7] 苏克. 新概念标志设计[M]. 北京：中国纺织出版社，2003.

[8] 【美】盖尔·戴博勒·芬克. 城市标志设计[M]. 大连：大连理工大学出版社，2001.

[9] 郭茂来，郭蔓琳. 标志设计艺术赏析[M]. 北京：人民美术出版社，2000.

[10] 潘知常，林玮. 大众传媒与大众文化[M]. 上海：上海人民出版社，2002.

[11] 韩秀景. 大学生职场形象设计[M]. 南京：南京师范大学出版社，2008.

[12] 关洁，林琳，王婷. 个人形象设计[M]. 成都：电子科技大学出版社，2015.

[13] 孙韵. 节目主持人的形象设计[M]. 北京：台海出版社，2016.

[14] 张晓梅. 职场形象设计手册：从面试到入职[M]. 北京：化学工业出版社，2011.

[15] 张岩松，周晓红. 职业形象设计[M]. 北京：清华大学出版社，2016.

[16] 舒静庐. 职业礼仪[M]. 上海：三联书店，2014.

[17] 刘艳. 最新职业礼仪大全[M]. 北京：现代出版社，2010.